教科書ワーク もくじ

キュリオが
友だちといっしょに
たからの地図を拾って
まちをたんけんしながら
力を身につけていく
参考書です。

プログラミング的思考 3〜6年

JN096325

おうちの方へ　プログラミング的思考とは

　2020年度から小学校でのプログラミング教育が必修化されます。一部の学校や塾などでは先行して，子どもたちが様々な作品制作（ゲーム・アニメーション・お話づくりなど）や電子部品を用いた工作，ロボット操作などに挑戦しており，こうした創造的な活動に興味をもたれるお子さまも少なくないでしょう。

　コンピュータやロボットなどを自分の意図通りに動作させるために，あらかじめ機械にプログラムを与えておき，思い通り動くかどうかを確かめ，試行錯誤しながら，完成に近づけていく活動がプログラミングの最大の楽しみです。

　コンピュータは与えたプログラムを忠実に実行してくれますが，手当たり次第につくったでたらめなプログラムでは，思ったように動いてくれません。何かしら特徴をとらえて上手に操ることが必要とされる訳です。

そこで，プログラミングするときに，

❶　身の回りの物事のしかけやはたらきにはどのようなパターン（規則性）があるのか

❷　パターンにはどのような特徴があるのか

❸　どのようなパターンを組み合わせて命令すればうまく動くのか，筋道を立てながら考える事

が小学校プログラミング教育の目標であり，これを「プログラミング的思考★」とよんでいます。

　本書は，プログラミングでよく登場するタネを集め，謎解きのようにそのパターンに慣れ親しむ事を目的として構成されています。ぜひ，コンピュータでのプログラミング経験と並行して，お子さまと一緒に楽しんでいただければ幸いです。

豊福 晋平

★文部科学省の有識者会議（小学校段階における論理的思考力や創造性，問題解決能力等の育成とプログラミング教育に関する有識者会議）議論とりまとめ（平成28年6月16日）には次のように定義されています。

「自分が意図する一連の活動を実現するために，どのような動きの組合せが必要であり，一つ一つの動きに対応した記号を，どのように組み合わせたらいいのか，記号の組合せをどのように改善していけば，より意図した活動に近づくのか，といったことを論理的に考えていく力」

監修者プロフィール

豊福 晋平（とよふく しんぺい）　1967年北海道生まれ。横浜国立大学大学院教育学研究科修了，東京工業大学大学院総合理工学研究科博士課程中退，1995年より国際大学GLOCOMに勤務，専門は学校教育心理学・教育工学・学校経営。長年にわたり教育と情報化のテーマに取り組む。プログラミングに関する書籍としては「小学校の先生のための Why!?プログラミング 授業活用ガイド」（2018）日経BP社・共著などがある。

この本の使い方☆

おうちの人といっしょにやろう！　どの章から始めてもいいよ！　ただし，最終章は最後にやろう！

ミッション！

地図にみちびかれて行った場所。
そこには「ミッション」が待っていて…

例題のワーク

ミッションをクリアするための問題のとき方を説明するよ。

きほんのワーク

例題のワークを参考にして，
問題をといてみよう！

練習のワーク

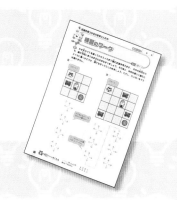

きほんのワークをといたら，
おうよう問題にちょうせんしよう！

まちがいさがしで 練習のワーク

キュリオたちが問題をといてみたよ。でも，まちがいがあるみたい。
どこがまちがっているか，さがしてみよう！
実際のプログラミングでも行う，まちがい（バグ）を見つけて
直していく「デバッグ」の作業にチャレンジ！

まとめのテスト

レベルの高い問題もやってみよう！

ミッションクリア!!

全部といたら，ミッションクリア！　たからものが手に入るよ！
「たからもののシール」を，96ページにはろう。

キュリオのたからさがし

ぼくはキュリオ。
いろんなことに興味をもっている小学生。

おーいキュリオ、こっちに来て！
川の近くにびんみたいなものが落ちているんだ。

あっ、本当だ。

手紙みたいなものが見えるよ。
気をつけて拾って見てみようよ。

ぱらり

ちょうせんじょう

たからさがしをしながら、このまちをたんけんし、
プログラミングに必要な力を身につけよう。

① 地図を見ながらたからがある場所をさがす
② そこにじゅんびされている「ミッション」にちょうせん
③ 「ミッション」をクリアしてプログラミングに必要な力を身につけ、たからを手に入れる

プログラミングに必要な力を身につけることで、
「プログラミング的思考」が使えるようになっていくよ。
最初の一歩にちょうせんしよう。

たからさがしをしながら
プログラミングの力を身につける!?

2まいめは地図だ。

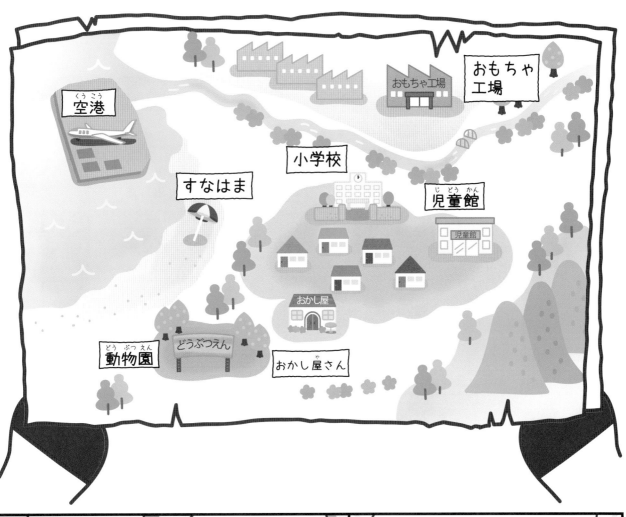

とうし能力を身につけろ

ミッション！

とうし能力を身につけろ

きりんやぞうが箱の中にりんごを入れたり出したりするよ。

出し入れするたびに，箱の中がどうなったかを考えてみよう。

いくつのりんごが箱の中にあるのかな。

箱の中身から，いくつのりんごを入れたり出したりしたのかイメージできるようになろう。

問題を全部といたら，ミッションクリア！

おうちの方へ　この章で学ぶ考え方

　この章で学ぶのは「変数」という考え方です。変数とは，コンピュータの中でデータを憶えておくための場所だと考えてみましょう。この章では「箱」を例にして説明します。箱を用意し値を入れたり出したりすることで，値をたくわえたり後でその値を使ったりすることができます。

　この章でお子さまに体験してもらいたいのは，箱の中身を次々と変化させていったときに，そのつど中身がどうなっているのかをイメージして追いかけることです。複雑なプログラムではたくさんの変数を使いますが，変数の変化を理解することは，プログラミングをする上でも大切な能力のひとつです。

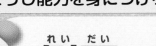

例題のワーク

例 りんごを箱に入れたり，箱から出したりします。箱の中のりんごの数は何こですか。□に書きましょう。

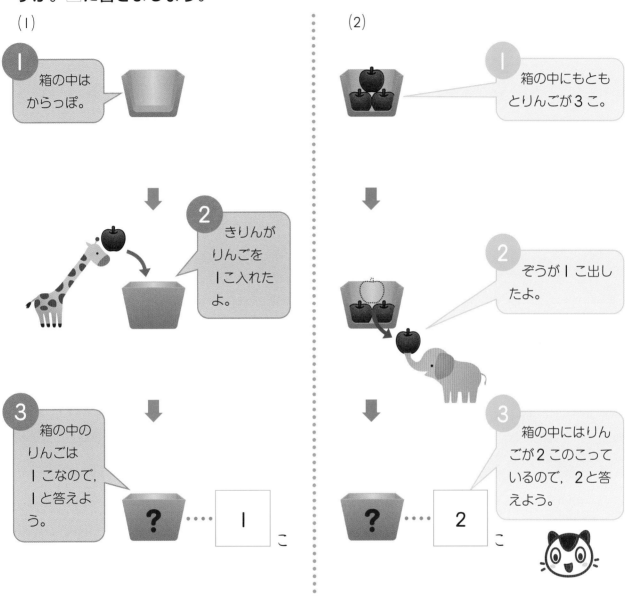

(1)

1 箱の中はからっぽ。

2 きりんがりんごを1こ入れたよ。

3 箱の中のりんごは1こなので，1と答えよう。

? ‥‥‥ □ 1 こ

(2)

1 箱の中にもともとりんごが3こ。

2 ぞうが1こ出したよ。

3 箱の中にはりんごが2このこっているので，2と答えよう。

? ‥‥‥ □ 2 こ

おうちの方へ　もっと深く知るために

　この章では箱の中身を理解する力のことを「透視能力」と呼んでいます。これは比喩的な表現で，丁寧に箱の中身をイメージしていけば何も超能力を使わなくても箱の中身を言い当てることができます。必要なのは，イメージする力と，たし算やひき算といった計算力です。

　実際のプログラミングの際には，扱うデータに合わせて変数を用意します。変数に名前をつける手続きを変数の「宣言」といいます。必要な変数を用意し，値を格納したり（「代入」），取り出したり（「参照」）して，もっと複雑な計算（「演算」や「処理」）を実行します。

きほんのワーク❶

答え 2ページ

1 りんごを箱に入れます。箱の中のりんごの数は何こですか。□に書きましょう。

(1)

箱の中は
からっぽ。

りんごを
2こ入れ
ると…。

? ‥‥ □ こ

(2)

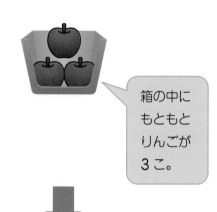

箱の中に
もともと
りんごが
3こ。

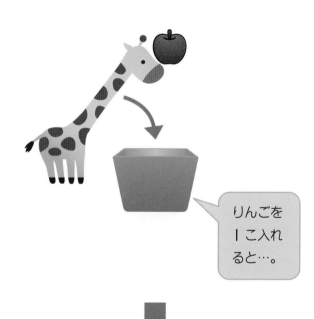

りんごを
1こ入れ
ると…。

? ‥‥ □ こ

❷ りんごを箱に入れます。箱の中のりんごの数は何こですか。□に書きましょう。

(1)

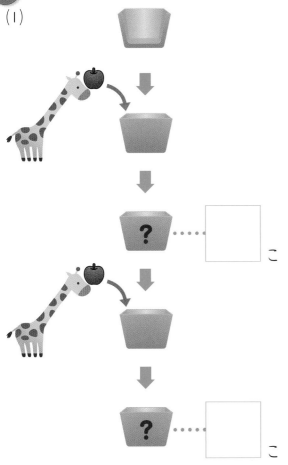

こ

こ

(2)

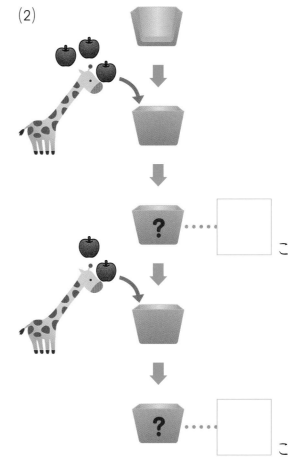

こ

こ

(3)

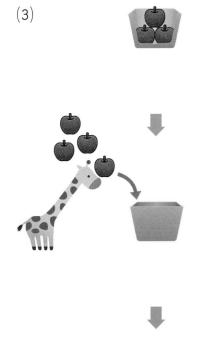

こ

(4)

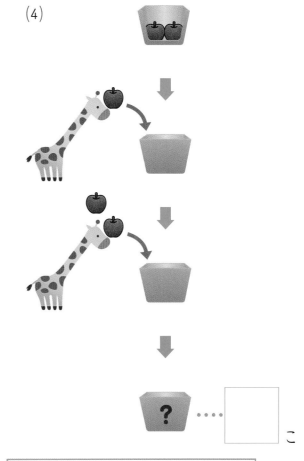

こ

右の「?」にあてはまる
数字は何かな。

| 2 | 4 | 6 | ? | 10 | 12 |

9

きほんのワーク②

答え　2ページ

1 りんごを箱から出します。箱の中のりんごの数は何こですか。□に書きましょう。

(1)

箱の中にもともとりんごが2こ。

ぞうが1こ出すと，のこりは…。

? ……………… □ こ

(2)

もともとのりんごは何こ？

ぞうが出したのは何こ？

のこりのりんごは何こ？

? ……………… □ こ

ないしょのにんむのこたえ

2ずつふえているから、答えは「8」

| 2 | 4 | 6 | 8 | 10 | 12 |

❷ りんごを箱から出します。箱の中のりんごの数は何こですか。□に書きましょう。

(1)

(2)

?　………………………… □ こ

?　………………………… □ こ

?　………………………… □ こ

(3)

(4)

?　………………………… □ こ

?　………………………… □ こ

?　………………………… □ こ

 ないしょのにんむ

右の「?」にあてはまる
数字は何かな。

| 1 | 2 | 4 | 8 | ? | 32 |

練習のワーク

答え **3ページ**

1 ボールを箱に入れたり，箱から出したりします。箱の中のボールの数は何こですか。□に書きましょう。

(1)

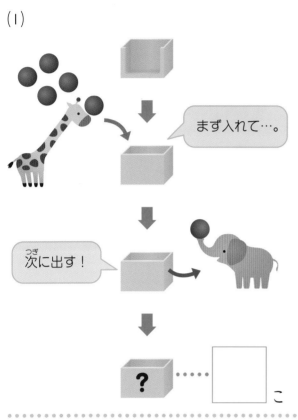

まず入れて…。

次に出す！

(2)

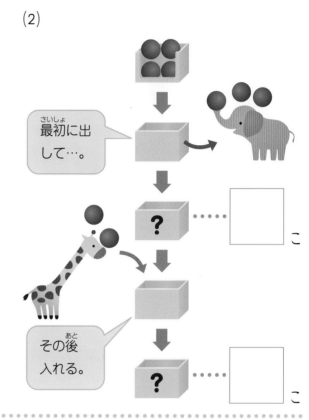

最初に出して…。

その後入れる。

(3)

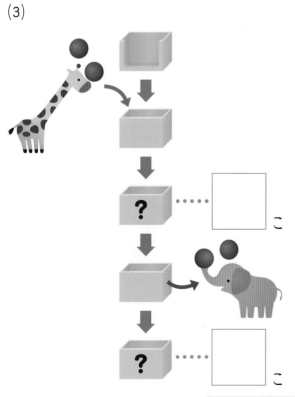

(4)

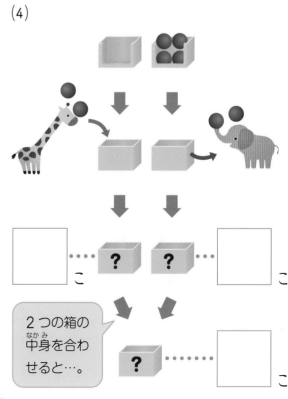

2つの箱の中身を合わせると…。

ないしょのにんむのこたえ

前の数の2倍になっているから，答えは「16」

| 1 | 2 | 4 | 8 | 16 | 32 |

2 ボールを箱に入れたり, 箱から出したりします。箱に書かれた数字は, 中に入っているボールの数を表しています。ボールを出すときは →, 入れるときは ← をなぞりましょう。

(1)

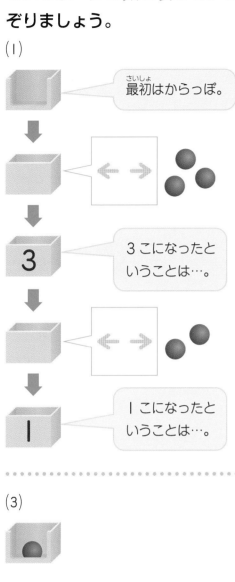

最初はからっぽ。

3 こになったということは…。

1 こになったということは…。

(2)

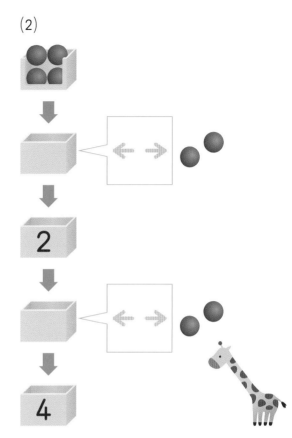

(3)

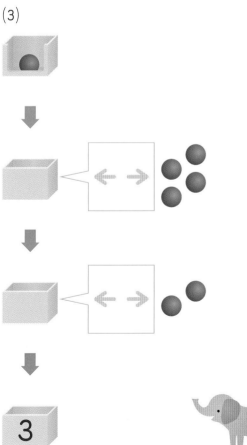

(4)

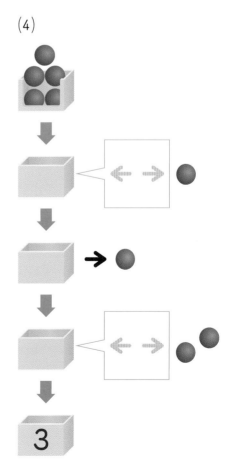

まちがいさがしで 練習のワーク

答え 3ページ

まちがっていないか，みんなでかくにんしましょう。

(1)

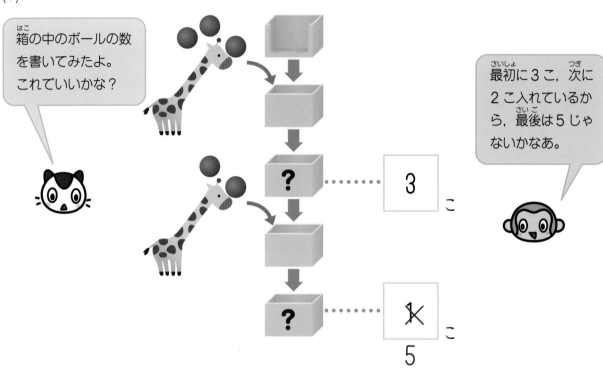

箱の中のボールの数を書いてみたよ。これでいいかな？

最初に3こ，次に2こ入れているから，最後は5じゃないかなあ。

3 こ

5 こ

(2)

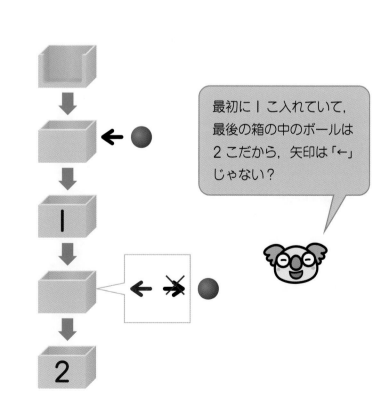

ボールの出し入れを矢印の向きで表したけど，これでいいかいっしょに見て〜。

最初に1こ入れていて，最後の箱の中のボールは2こだから，矢印は「←」じゃない？

1

2

1 ボールを箱に入れたり，箱から出したりします。□の数字がまちがっていると
きは，×をつけて，正しい数字を答えましょう。

(1)　　　　　　　　　　　　　　　　　　(2)

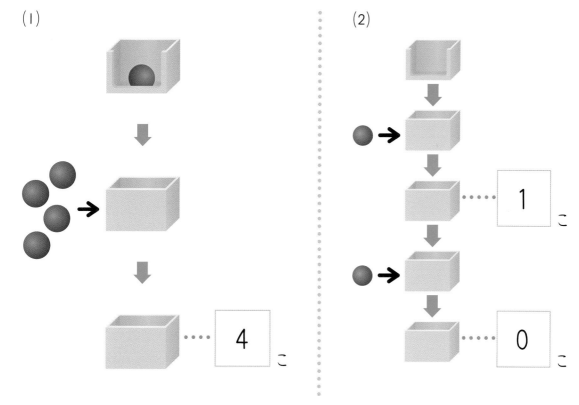

2 箱に書かれた数字は，中に入っているボールの数を表しています。ボールを入
れる（←），出す（→）の矢印がまちがっているときは，×をつけて，正しい矢印
をなぞりましょう。

(1)　　　　　　　　　　　　　　　　　　(2)

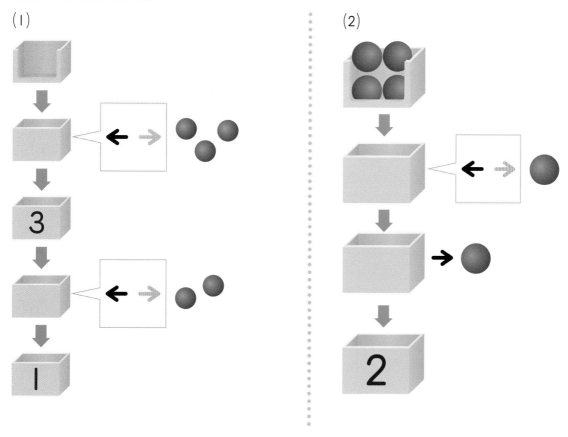

とうし能力を身につけろ

まとめのテスト

できた数

／4問中

答え 3ページ

1 箱に書かれた数字は中に入っているボールの数を，カードに書かれた数字は出し入れするボールの数を表しています。それぞれの箱の中のボールの数を□に書きましょう。

(1)

(2)

(3)

(4)

16

とうし能力を身につけた！

くわしくいうと
★箱の中身（データ）の変化をイメージする力
★計算する力
だよ！

たからものはこれ

箱の中をとうしできる
そうがんきょう

96 ページにシールをはろう

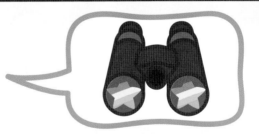

おうちの方へ　この力の活用方法

　この章では箱の中にりんごを入れたり出したり（値をたしたりひいたり）して，そのつど箱の中がどうなっているかを想像してもらうことを目的にしました。実際のプログラムではもちろんもっと複雑な計算を行うことが多いですが，変数の変化を追いかける力は共通です。

　数学においても x や y などといった文字変数を使った表現が登場しますが，これは箱に名前をつけて扱いやすくしていると考えることもできるでしょう。ただし実際のプログラミングで使う変数は，数値のほかに文字やもっと複雑なデータも扱えるなど，数学とは違うところもあります。

シーソーでくらべよう

おうちの方へ　この章で学ぶ考え方

　この章では「比較」を扱います。問題ではシーソーのどちらが重いかを比べていますが，私たちの生活の中では様々な状況で物事を比較します。どちらが大きい，どちらが長い，どちらが多い。簡単な比較であれば，それぞれを見比べれば自ずと答えは見えてきます。きっとお子さまたちも日常的に行っているでしょう。

　物事に順序を付けたり，取捨選択の根拠を得たり，私たちは情報を整理する上で実に様々な比較を行っています。多様な情報を扱うコンピュータにおいても，データを適切に比較することは大切です。ここでのポイントは，何と何を比較しているのかをはっきりさせることです。

例題のワーク その1

例1 シーソーにあめをのせました。シーソーは重いほうにかたむきます。かたむくほうの□に○を書きましょう。

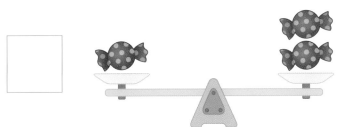

○

1こより2このほうが重いから，シーソーは右にかたむくね。

例2 重いのは，左と右のどちらですか。次のルールにしたがって，あとの□にあてはまる記号（＞，＝，＜）を書きましょう。

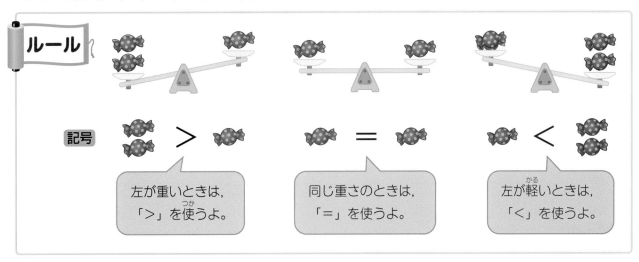

ルール

記号

＞　左が重いときは，「＞」を使うよ。

＝　同じ重さのときは，「＝」を使うよ。

＜　左が軽いときは，「＜」を使うよ。

　＞　

2こと1こをくらべると，2このほうが重いね。

おうちの方へ　もっと深く知るために

　この章の後半には異なるおかしの重さを比べる問題が登場します。この問題は単純に左右のおかしの数を比べただけでは，重さを比べたことにはなりません。それぞれの重さを量る（おもりの数に対応させる）ことで，左右を直接比べられるようにしています。

　また，大小関係を「＞」「＝」「＜」という記号を使って表しました。コンピュータ上で値を比べたり計算したりする処理を「演算」といい，演算を表現する記号を「演算子」と呼びます。本書で用いた記号は算数で習う演算子です。実際にはプログラミング言語によって使用する演算子の意味や書き方が異なります。

きほんのワーク❶ その1

答え 4ページ

① シーソーにドーナツをのせました。シーソーは重いほうにかたむきます。かたむくほうの□に○を書きましょう。

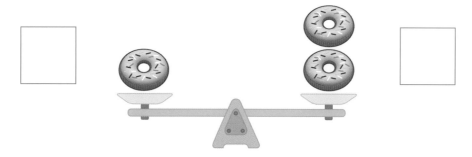

② 次の記号（＞，＝，＜）を使って，あとの問いに答えましょう。

ルール

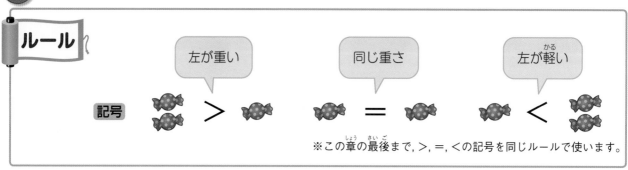

左が重い　　　　同じ重さ　　　　左が軽い

記号

※この章の最後まで，＞，＝，＜の記号を同じルールで使います。

(1) 重いのは，左と右のどちらですか。□にあてはまる記号を書きましょう。

①

左は 4 こ，右も 4 こだから…。

②

(2) 記号がなり立つように，□にあてはまるおかしのシールをはりましょう。

①

左が軽いということは，右は2こよりも多い？少ない？

<

②

>

③

=

④

<

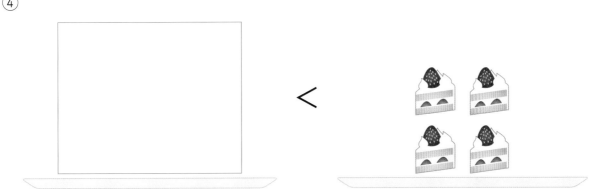

は　　　よりも多くのおかしを持っています。　　　は　　　よりも多くのおかしを持っています。　　　と　　　では，どちらがよりたくさん持っているでしょう？

勉強した日　月　日

例題のワーク その2

例 重いのは，左と右のどちらですか。□にあてはまる記号（＞，＝，＜）を書きましょう。ただし，次のルールにしたがいましょう。

ルール それぞれの重さをおもりの数で表すと，次のようになります。

おかし				
おもり	1こ分	2こ分	4こ分	8こ分

(1)

 <

左はおもり1こ分，
右はおもり2こ分の重さだから…。

(2)

 >

おもり8こ分とおもり4こ分の
重さをくらべると…。

 ないしょのにんむ **のこたえ** 答えは「」  >  ， > だから

勉強した日　月　日

きほんのワーク❶ その2

答え 4ページ

おかし屋さんの章

1 おかしの重さの合計が重いのは，左と右のどちらですか。□にあてはまる記号（＞，＝，＜）を書きましょう。ただし，次のルールにしたがいましょう。

ルール それぞれの重さをおもりの数で表すと，次のようになります。

おかし	🍬	🍫	🍩	🍰
おもり	1こ分	2こ分	4こ分	8こ分

(1)

 □

おもり1こ分の重さのあめが2こだから，右は全部でおもり2こ分の重さだよ。

(2)

 □

(3)

 □

 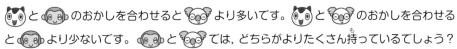

23

きほんのワーク❷

答え 5ページ

1 記号がなり立つように，□にあてはまるおかしのシールをはりましょう。ただし，同じシールは１回しか使えません。

ルール	おかしに書いてある数字は，それぞれの重さをおもりの数で表したものです。

おかし			🍪4	🍰8
おもり	●○○○ ○○○○	●●○○ ○○○○	●●●● ○○○○	●●●● ●●●●

(1)

●●○○
○○○○

　＝　□

同じシールは１回しか使えないよ。シールをはる前に，考えをメモしよう。

(2)

●○○○
○○○○

　＜　□

あめ（おもり１こ分）より重いおかしは…。

(3)

●●●●
○○○○

　＞　□

 ないしょのにんむのこたえ　答えは「」　 だから

2 おかしに書いてある数字は，それぞれの重さをおもりの数で表したものです。おかしの重さの合計が重いのは，左と右のどちらですか。□にあてはまる記号（＞，＝，＜）を書きましょう。

(1)

> 左はドーナツ（重さ4）が2つだから，全体の重さは…。

> 右はチョコレート（重さ2）が3つだから，全体の重さは…。

(2)

> ケーキ（重さ8）が2つだから…。

> 全体の重さをメモしてから，あてはまる記号を考えよう。

(3)

> ケーキ（重さ8）が1つとチョコレート（重さ2）が2つだから…。

> ドーナツ（重さ4）が3つとあめ（重さ1）が1つだから…。

ないしょのにんむ 🐱と🐰のおかしを合わせると🐼より少ないです。🐱と🐨のおかしを合わせると🐼より多いです。🐰と🐨では，どちらがよりたくさん持っているでしょう？

練習のワーク

答え 5ページ

1 シーソーにおもりを乗せました。シーソーは重いほうにかたむきます。かたむくほうの□に○を書きましょう。ただし，どの色のおもりも重さは同じです。

(1)

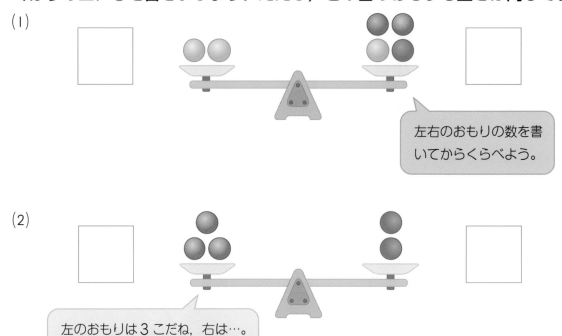

左右のおもりの数を書いてからくらべよう。

(2)

左のおもりは3こだね，右は…。

2 おもりの重さの合計が重いのは，左と右のどちらですか。□にあてはまる記号（＞，＝，＜）を書きましょう。ただし，どの色のおもりも重さは同じです。

(1)

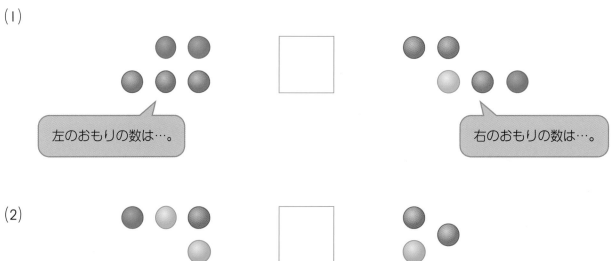

左のおもりの数は…。

右のおもりの数は…。

(2)

ないしょのにんむのこたえ　答えは「🐨」　🐵🐭＜🐼，🐱🐨＞🐼 だから🐵＜🐨

3 シーソーにカードを乗せました。このシーソーは，カードに書かれた数の合計が大きいほうにかたむきます。かたむくほうの□に○を書きましょう。

(1)

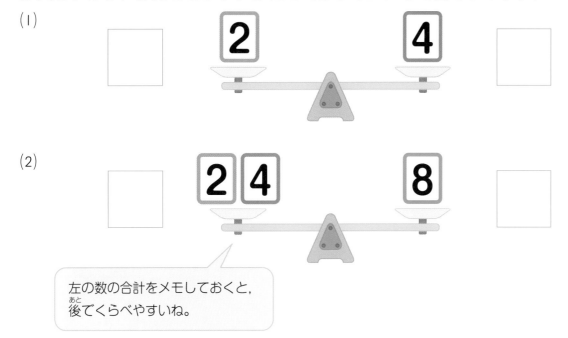

(2)

左の数の合計をメモしておくと，後でくらべやすいね。

4 カードに書かれた数の合計が大きいのは，左と右のどちらですか。□にあてはまる記号（＞，＝，＜）を書きましょう。

(1)

2と2だから，合計は…。

(2)

4 □ **2** **1** **1**

2と1と1だから，合計は…。

(3)

8 **1** □ **1** **2** **4**

練習のワークはむずかしいね！みんなでちょっと答えあわせをしてみない？

うん，やってみよう！

まちがいさがしで **練習のワーク**

答え 6ページ

🔷 まちがっていないか，みんなでかくにんしましょう。

(1)

カードに書かれた数の合計をくらべてみたよ。合っているかな？

1
4

>

2
2

左の合計と右の合計をくらべて…。ばっちりだね。

(2)

あれ？これは左の合計が6で右が8だから，左が小さいんじゃない？

2
2
2

⧷̸

<

8

本当だ！ありがとう～

(3)

左と右で合計が同じだから…。正しいね！

8
1

=

4
4
1

じゃあ，これでオーケーだね。

1 カードに書かれた数の合計が大きいのは，左と右のどちらですか。□の記号<ruby>記号<rt>きごう</rt></ruby>（>，=，<）がまちがっているときは，×をつけて，正しい記号を答えましょう。

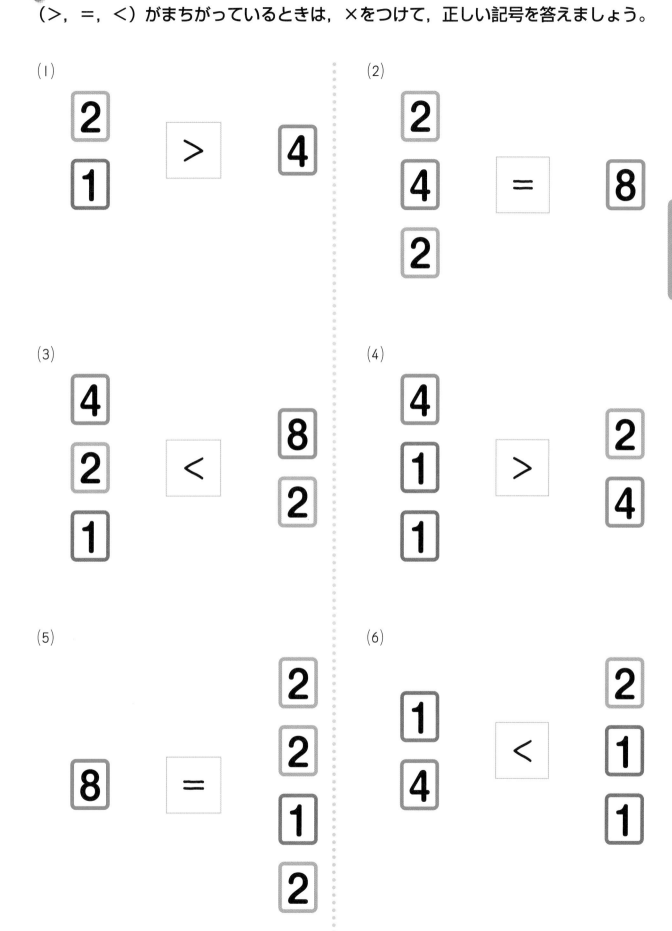

(1)

2
1   >   4

(2)

2
4   =   8
2

(3)

4
2   <   8
1   2

(4)

4
1   >   2
1   4

(5)

8   =   2
            2
            1
            2

(6)

1   <   2
4   1
            1

おかし屋さんの章

まとめのテスト

答え 6ページ

1 数が大きいのは，左と右のどちらですか。□にあてはまる記号（>，=，<）を書きましょう。

(1) 1 □ 2

(2) 8 □ 4

(3) 9 □ 6

(4) 3 □ 7

2 数の合計が大きいのは，左と右のどちらですか。□にあてはまる記号（>，=，<）を書きましょう。

(1) 5 3 □ 2 4

(2) 6 2 □ 1 8

(3) 7 1 1 □ 6 3

(4) 1 5 3 □ 2 1 4

左右をくらべる力を身につけた！

くわしくいうと
★＞，＝，＜などを読みとく力
★くらべやすいようにものごとを抽象化する力
だよ！

プログラミングでは，＞，＝，＜などを「演算子」とよぶよ。
目的に合わせていろんな演算子を使うんだ。

たからものはこれ

＞，＝，＜がうつるメダル

96 ページにシールをはろう

おうちの方へ　この力の活用方法

　プログラミングにおいて比較演算は極めて重要です。よく利用されるテクニックに「くり返しの処理」があります。これは，数を数えて，ある決められた数を超えたかどうかを調べて次の処理をするような作業です。このとき，何を数えて，何の数と比べるかということを意識しておかないと，プログラムが正しく動かなくなってしまいます。

　この章ではシーソーを使って2つのものの比較を扱いましたが，いろいろなものを比較していくことで，多数のものを決められた順番に並べることもできます。小さいものから大きいものという以外にも，どのような数で表し，どのように比べるかを決めれば，様々な順番に並べることができます。

入れたおもちゃは何番目に出てくる？

おうちの方へ　この章で学ぶ考え方

　この章では物事の「流れ」をイメージする力を身につけます。動物園の章では，変数を題材にして，箱の中の個数の変化をイメージしましたが，この章ではトンネルやおもちゃ箱に順番にものを入れたり出したりして，複数のものがどのように流れるかを追いかけます。

　この章の第一の狙いは，より複雑な手順をイメージできる力を養うことです。そして第二の狙いは，1つの箱（変数）では扱えないような多くのデータを扱うときの代表的な形式を体験し，その特徴を知ることです。この章で学ぶような，複数のものをまとめて扱うしくみを「データ構造」といいます。

例題のワーク その1

例 次のように，おもちゃをトンネルの左から順に入れて，右から順にとり出します。トンネルから最初に出てくるおもちゃは何ですか。

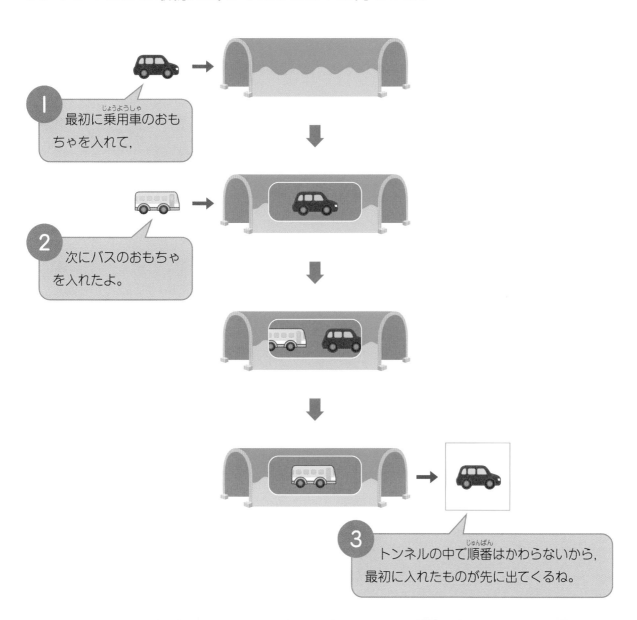

1 最初に乗用車のおもちゃを入れて，

2 次にバスのおもちゃを入れたよ。

3 トンネルの中で順番はかわらないから，最初に入れたものが先に出てくるね。

おもちゃ工場の章

おうちの方へ　もっと深く知るために

　この章で取り上げるトンネルとおもちゃ箱は，代表的なデータ構造である「キュー」と「スタック」に相当する働きをします。キューとは，行列のことです。例えばレジに並んだ人を想像してください。レジでは，先に並んだ人から順に会計をしていきます。このように，キューでは先に入れたデータから順に取り出されます。スタックは積み上げたものを表します。例えば食堂のトレイを想像してください。トレイは先に積まれたトレイの上に積まれ，利用者は積まれたトレイを上から取って使います。このように，スタックでは後から入れたデータから順に取り出されます。

きほんのワーク❶ その1

答え 6ページ

1 次のように，おもちゃをトンネルの左から順に入れて，右から順にとり出します。トンネルから出てくるおもちゃは何ですか。□にシールをはりましょう。

(1)

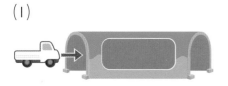

トンネルの中を想像しよう。

先に出てくるのは…？

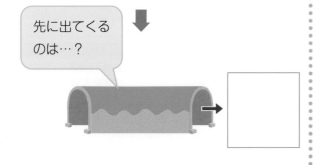

(2)

トンネルの中での順番を想像すると…。

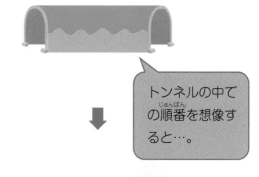

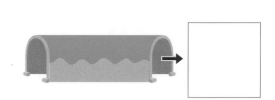

例題のワーク その2

例　次のように，ぬいぐるみをおもちゃ箱の上から順に入れて，上から順にとり出します。おもちゃ箱から最初に出てくるぬいぐるみは何ですか。

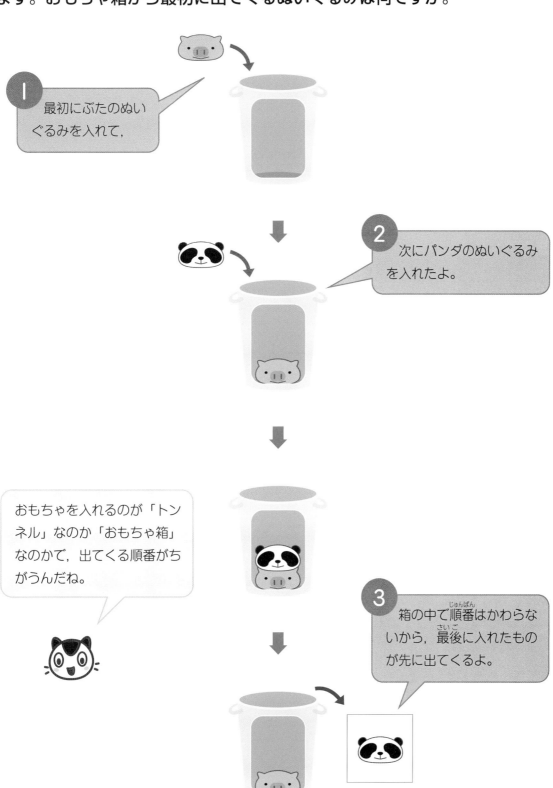

1　最初にぶたのぬいぐるみを入れて，

2　次にパンダのぬいぐるみを入れたよ。

おもちゃを入れるのが「トンネル」なのか「おもちゃ箱」なのかで，出てくる順番がちがうんだね。

3　箱の中で順番はかわらないから，最後に入れたものが先に出てくるよ。

きほんのワーク① その2

答え 7ページ

1 次のように，ぬいぐるみをおもちゃ箱の上から順に入れて，上から順にとり出します。おもちゃ箱から最初に出てくるぬいぐるみは何ですか。□にシールをはりましょう。

(1)　　　　　　　　　　　　　　　(2)

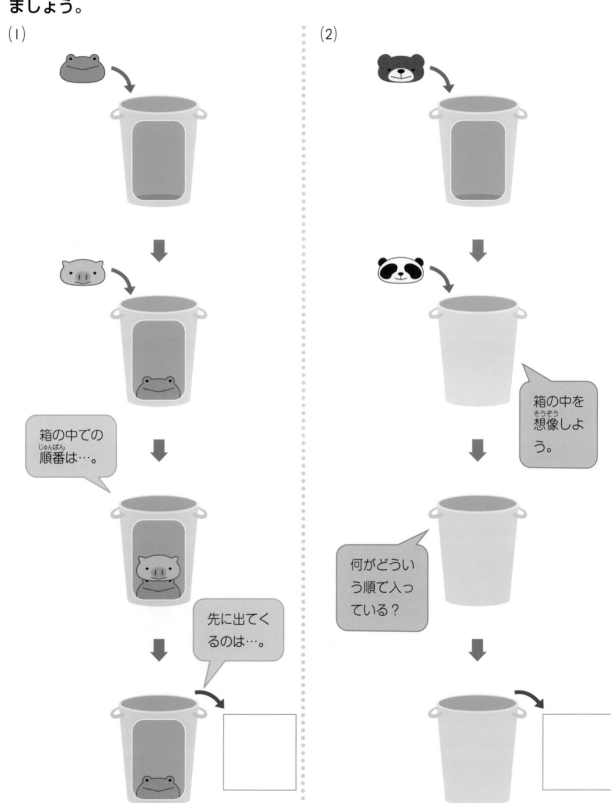

2 次のように，ぬいぐるみをおもちゃ箱の上から順に入れて，上から順にとり出します。おもちゃ箱から出てくるぬいぐるみは何ですか。□にシールをはりましょう。

(1)

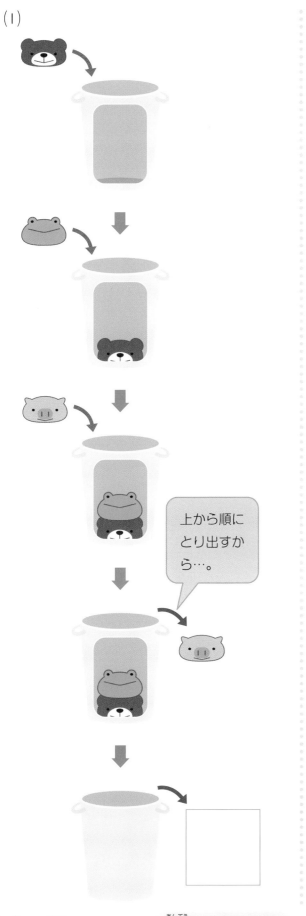

上から順に
とり出すか
ら…。

(2)

暗号をルールどおりに
解読してみよう。

暗号「ムラグロプ」
ルール「反対から読んでみよう」

きほんのワーク❷

答え　7ページ

1 次のように，おもちゃをトンネルの左から順に入れて，右から順にとり出します。□にあてはまるおもちゃのシールをはりましょう。

(1)

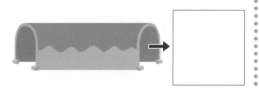

(2)

出てきたおもちゃの順番は，トラック→ミキサー車だから，入れた順番は…。

ないしょのにんむのこたえ

「ムラグロプ」を反対から読むと…
答えは「プログラム」

暗号「ムラグロプ」
ルール「反対から読んでみよう」

2 次のように，ぬいぐるみをおもちゃ箱の上から順に入れて，上から順にとり出します。□にあてはまるぬいぐるみのシールをはりましょう。

(1)

(2)

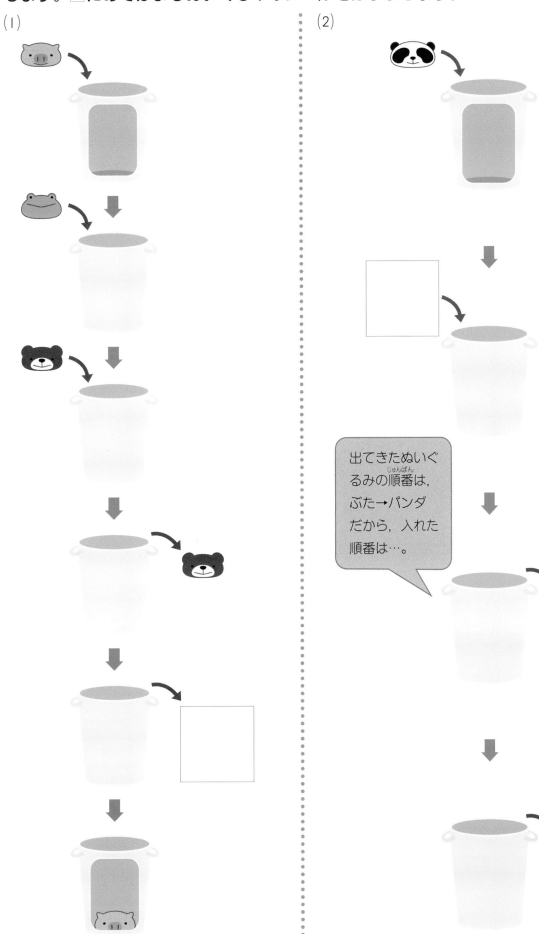

出てきたぬいぐるみの順番は，ぶた→パンダだから，入れた順番は…。

 ないしょのにんむ

暗号をルールどおりに解読してみよう。

暗号「コウンタピヒュローッタプ」
ルール「１文字ずつとばして読んでみよう」

答え 8ページ

1 ▊はトンネル，▊はおもちゃ箱を表しています。何も入っていない▊や▊に，おもちゃを入れてから出しました。□にあてはまるおもちゃのシールをはりましょう。

(1)　　　　　　　　　　　　　(2)

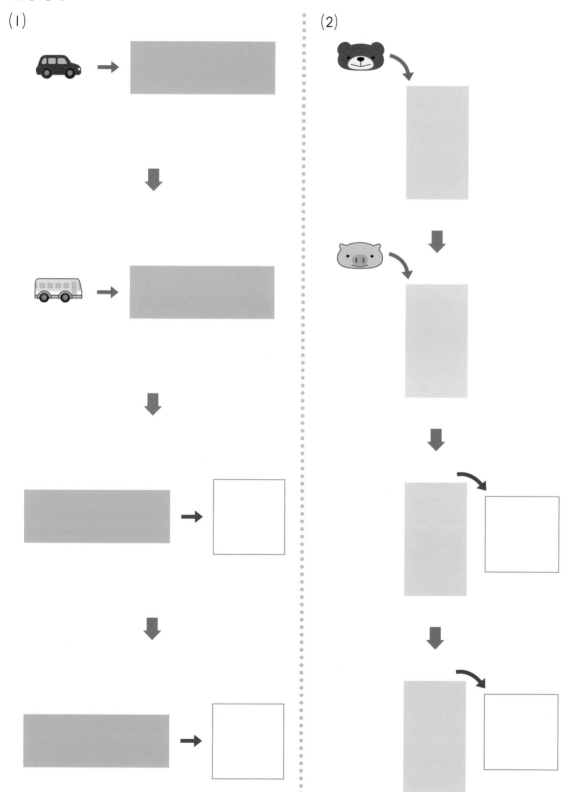

ないしょのにんむのこたえ

1文字ずつとばして読んでみると…
答えは「コンピュータ」

暗号「コウンタピヒュロ一ッタプ」
ルール「1文字ずつとばして読んでみよう」

2 ■■■はトンネル，■はおもちゃ箱を表しています。何も入っていない■■■や■に，ボールを入れてから出しました。□にあてはまるボールの色名（赤，青，黄，緑）を書きましょう。

(1)

(2)

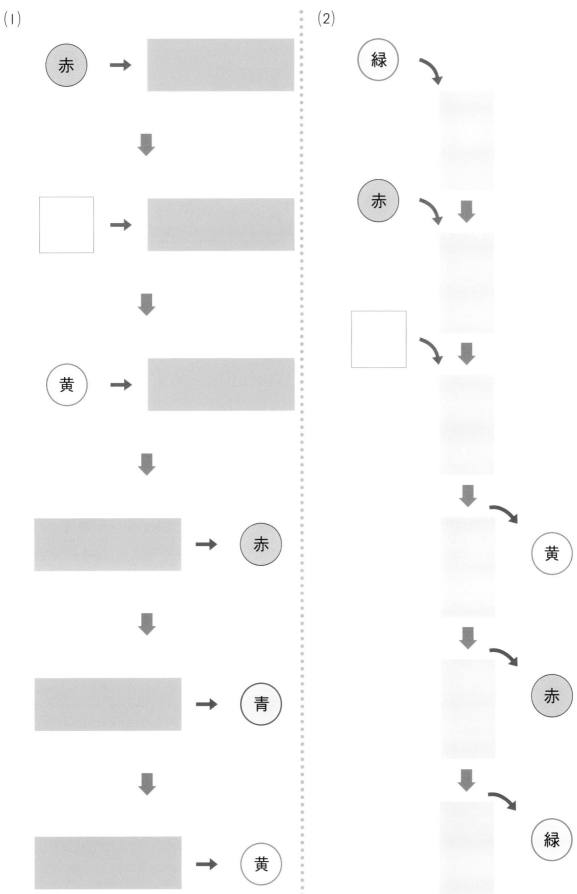

 練習のワークはむずかしいね！
みんなでちょっと答えあわせをしてみない？

うん，やってみよう！

まちがいさがしで 練習のワーク

答え 8ページ

▓ まちがっていないか，みんなでかくにんしましょう。

赤 →

トンネルを使って
ボールを出し入れ
してみたよ。合っ
ているか，かくに
んしてくれる？

緑 →

黄 →

トンネルは，入れた順に
出てくるんだよね？だか
ら，ここは赤色じゃない
かな？

→ 黄（×）
赤

なるほど。
ありがとう〜。

→ 緑

そうすると，最後に出て
くるのは，最後に入れた
黄色だね。

→ 赤（×）
黄

42

1 ▆▆はトンネル， ▆▆はおもちゃ箱を表しています。何も入っていない▆▆や▆▆に，ボールを入れてから出しました。□のボールの色がまちがっているときは，×をつけて，正しい色名（赤，青，黄，緑）を答えましょう。

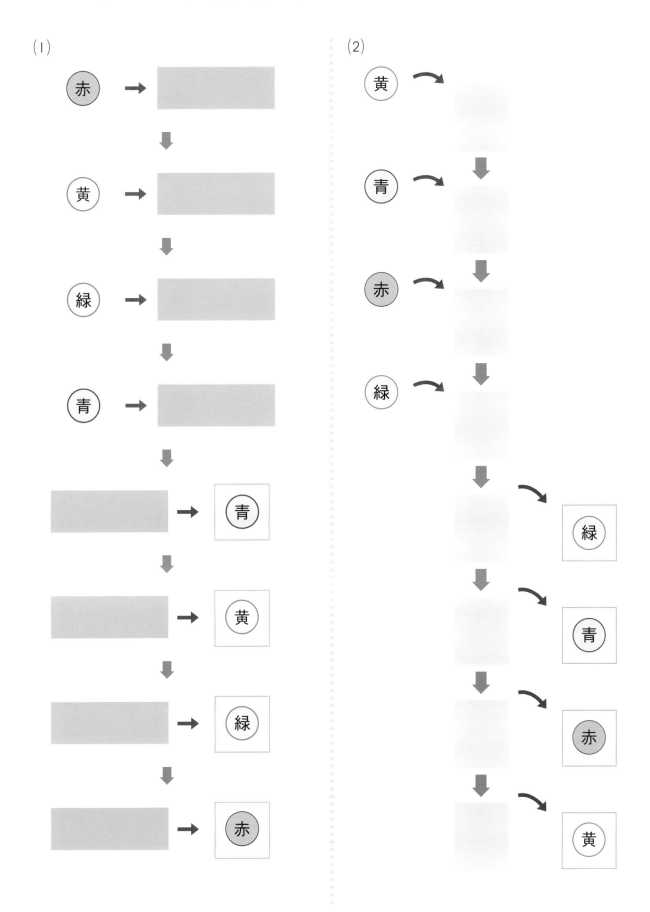

43

答え 8ページ

1 ▦にボールを入れてから出しました。▦は「トンネル」と「おもちゃ箱」のどちらですか。トンネルの場合はア，おもちゃ箱の場合はイを（　　）に書きましょう。

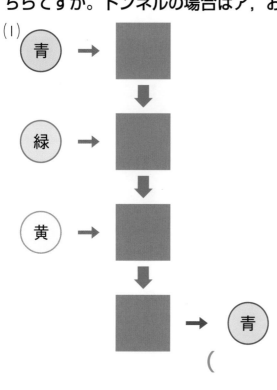

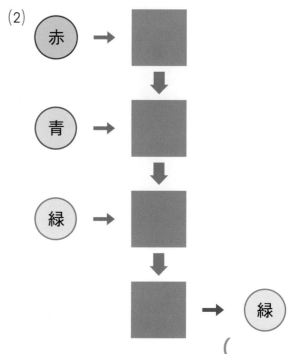

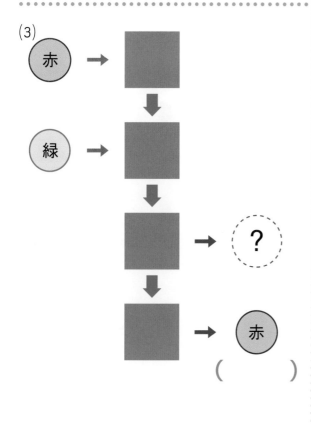

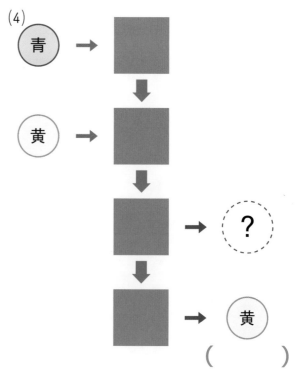

流れをイメージする力を身につけた！

くわしくいうと

★先に入れたものを順番にとり出す
　トンネルの方式をイメージする力

★後に入れたものを先にとり出す
　おもちゃ箱の方式をイメージする力

だよ！

プログラミングでは，
トンネルの方式を「キュー」，
おもちゃ箱の方式を「スタック」，
とよぶこともあるよ。

たからものはこれ

流れを見つけ出すライト

96 ページにシールをはろう

おうちの方へ　この力の活用方法

　私たちの日常でも，たくさんのものを一度に扱う機会は多くあります。その際には，それらをどのように整理して，どのような順番で処理をするかを決めておくことで，効率的に作業をすることができます。

　複雑なプログラムを作成するには，シンプルな箱だけでなく，この章で扱ったような複数のデータを扱うデータ構造を用いることがほとんどです。データ構造には今回取り上げた2種類のほかにも様々なものがあり，それぞれに特徴が異なります。プログラミングにおいては，行いたい処理に合わせて適切なデータ構造を選んで用いることが必要です。

2つの数字で場所を表そう

ミッション！

2つの数字で場所を表そう

くつ箱に入っているくつの場所を
数字で説明できるようになろう。

場所を数字で説明できるようになると，
だれにでも指示を正しく伝えられるんだ。
たなの番号とくつの場所の関係をよく考えて，
力を身につけよう。
問題は少しずつむずかしくなるけれど，
全部とくと，ミッションクリア！

おうちの方へ　この章で学ぶ考え方

　この章では「座標」を使って場所を数値化して指し示す方法を学びます。ここでは「くつ箱」を例題にしていますが，縦横に軸を定めて数値を振ってその組み合わせで場所を特定しています。囲碁盤や将棋盤でも同様の方法で盤上の位置を表していますね。数学で登場する平面座標とも同じ考え方ですが，数学では縦軸の数字の向きが下から上に向かって大きくなるのに対して，この章では逆になっています。「くつ箱も平面座標も同じだよ」というと戸惑うお子さまもいらっしゃるかもしれませんが，実はこの違いには大きな意味はありません。番号を決めて，その番号を使って場所を説明する，という考え方自体が大切です。

例題のワーク

例1 次の（　）は，くつ箱にあるくつの場所を表しています。左の数字は左から何列目かを，右の数字は上から何段目かを表しています。数字が表すくつの場所に○をつけましょう。

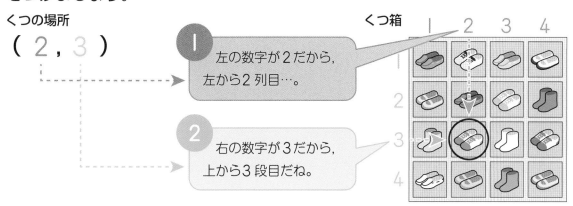

くつの場所
（ 2 , 3 ）

1　左の数字が2だから，左から2列目…。

2　右の数字が3だから，上から3段目だね。

くつ箱

例2 次のくつ箱には，列と段のそれぞれに番号がついています。○がついているくつの場所を（　）に数字で表しましょう。列の番号は左に，段の番号は右に書きましょう。

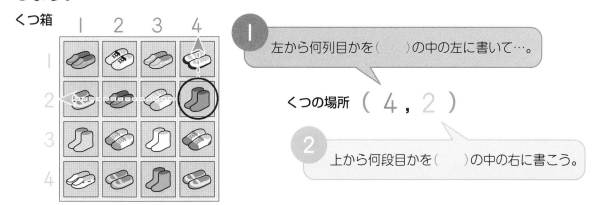

くつ箱

1　左から何列目かを（　）の中の左に書いて…。

くつの場所　（ 4 , 2 ）

2　上から何段目かを（　）の中の右に書こう。

小学校の章

おうちの方へ　もっと深く知るために

　コンピュータの画面に画像を表示する際にも，この章と同じように座標を用いた方法で場所が指示されています。コンピュータの画面は，よく見ると実は細かな点々の光源の集まりでできています。コンピュータに文字や絵などを表示する際には，この点のひとつひとつをどのような色にするかを座標で指示して描画しています。このようにコンピュータに情報を提示する上で，座標の考え方はとても大切です。写真のような画像データは，縦横に色情報などを持った点が敷き詰められて表現されています。こうした点の集合によって表現された画像は，ビットマップ画像（またはラスタ画像）と呼ばれています。

答え 9ページ

1 次の（　　）は，くつ箱にあるくつの場所を表しています。左の数字は左から何列目かを，右の数字は上から何段目かを表しています。数字が表すくつの場所に○をつけましょう。

くつの場所

（ 3 , 2 ）

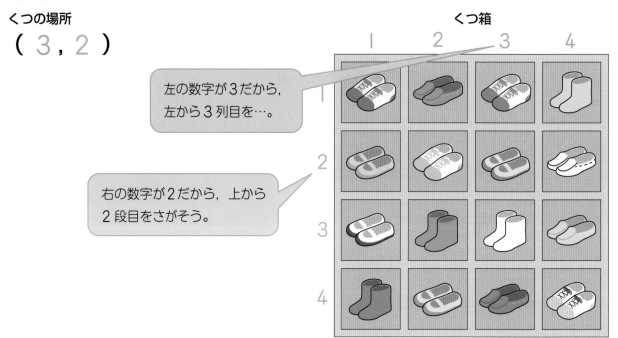

左の数字が3だから，左から3列目を…。

右の数字が2だから，上から2段目をさがそう。

2 次のくつ箱には，列と段のそれぞれに番号がついています。○がついているくつの場所を（　　）に数字で表しましょう。列の番号は左に，段の番号は右に書きましょう。

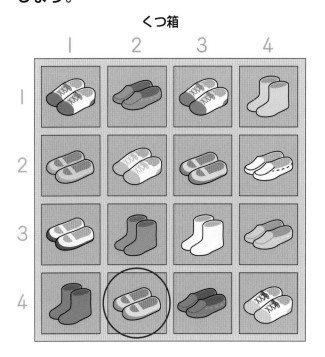

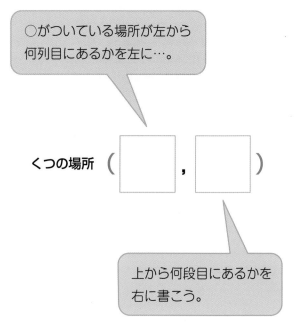

○がついている場所が左から何列目にあるかを左に…。

くつの場所 （ □ , □ ）

上から何段目にあるかを右に書こう。

3 次の( )は，くつ箱にあるくつの場所を表しています。左の数字は左から何列目かを，右の数字は上から何段目かを表しています。数字が表すくつの場所に○をつけましょう。

(1)

くつ箱

くつの場所 (4 , 1)

> 左の数字は列の番号だから…。

(2)

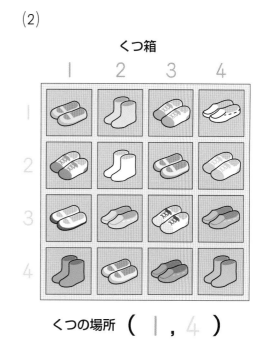

くつ箱

くつの場所 (1 , 4)

4 次のくつ箱には，列と段のそれぞれに番号がついています。○がついているくつの場所を( )に数字で表しましょう。列の番号は左に，段の番号は右に書きましょう。

(1)

くつ箱

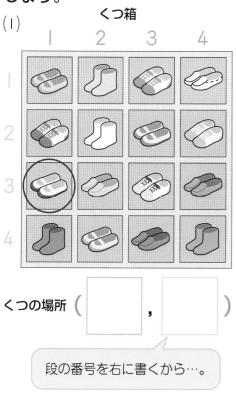

くつの場所 (□ , □)

> 段の番号を右に書くから…。

(2)

くつ箱

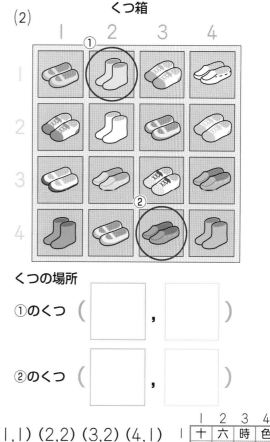

くつの場所

①のくつ (□ , □)

②のくつ (□ , □)

　ないしょのにんむ

( )の数字が表す
マスの中の漢字は何かな。

(1,1) (2,2) (3,2) (4,1)

	1	2	3	4
1	十	六	時	色
2	四	人	十	中

49

きほんのワーク❷

答え 9ページ

1 次の（　　）は，くつ箱にあるくつの場所を表しています。左の数字は左から何列目かを，右の数字は上から何段目かを表しています。数字が表している場所に，（　　）の左にあるくつと同じくつのシールをはりましょう。

(1)

くつ箱

	1	2	3	4
1				
2				
3				
4				

くつの場所

（ 2 , 1 ）

（ 1 , 3 ）

（ 4 , 2 ）

1 左の数字は列の番号だから…。

2 右の数字は段の番号だから…。

(2)

くつ箱

	1	2	3	4
1				
2				
3				
4				

くつの場所

（ 2 , 2 ）

（ 3 , 4 ）

（ 1 , 2 ）

ないしょのにんむのこたえ　　答えは「十人十色」

	1	2	3	4
1	十	六	時	色
2	四	人	十	中

2 次のくつ箱には，列と段のそれぞれに番号がついています。（　　）の左にあるくつの場所を，（　　）に数字で表しましょう。列の番号は左に，段の番号は右に書きましょう。

(1)

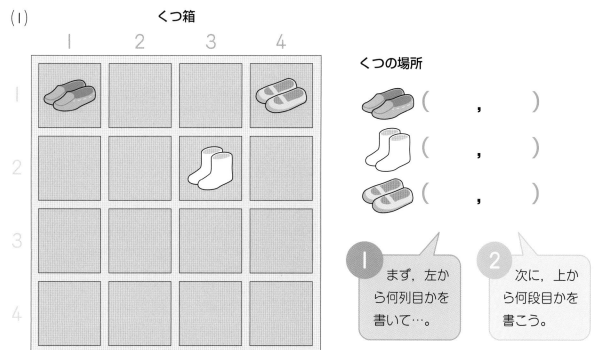

くつの場所

（　　,　　）

（　　,　　）

（　　,　　）

1 まず，左から何列目かを書いて…。

2 次に，上から何段目かを書こう。

(2)

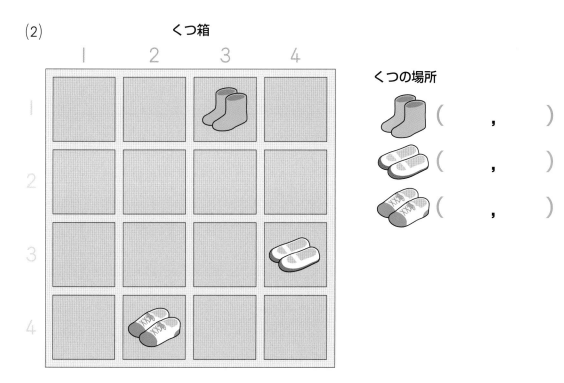

くつの場所

（　　,　　）

（　　,　　）

（　　,　　）

ないしょのにんむ　（　　）の数字が表すマスの中の漢字は何かな。　(1,2) (2,1) (3,1) (4,2)

	1	2	3	4
1	十	六	時	色
2	四	人	十	中

練習のワーク

勉強した日 　月　　日

答え 10ページ

1 次のマスには，列と行のそれぞれに番号がついています。また，（　　）は，マスの中の○，△，□の位置を表しています。マスの中の正しい位置に○，△，□の記号を書きましょう。

(1)

	1	2	3	4	5
1					
2					
3					
4					
5					

○ (2 , 1)

△ (1 , 4)

□ (5 , 3)

左の数字は列の番号を，右の数字は行の番号を表しているよ。

(2)

	1	2	3	4	5	6
1						
2						
3						
4						
5						
6						

○ (4 , 5)

△ (6 , 2)

□ (3 , 6)

左から何列目？
上から何行目？？

ないしょのにんむのこたえ　答えは「四六時中」

	1	2	3	4
1	十	六	時	色
2	四	人	十	中

2 次のマスには，列と行のそれぞれに番号がついています。記号（○，△，□）の位置を，（　　）に数字で表しましょう。

(1)

	1	2	3	4	5
1					
2				△	
3		○			
4					
5			□		

列の番号は左に，行の番号は右に書くよ。

○ （　　，　　）

△ （　　，　　）

□ （　　，　　）

(2)

	1	2	3	4	5	6
1					△	
2						
3						
4						○
5						
6	□					

○ （　　，　　）

△ （　　，　　）

□ （　　，　　）

列の番号を左，行の番号を右に書くというルールは，この章の最後まで同じだよ。

練習のワークはむずかしいね！みんなでちょっと答えあわせをしてみない？

うん，やってみよう！

まちがいさがしで 練習のワーク

答え 10ページ

❀ まちがっていないか，みんなでかくにんしましょう。

(1)

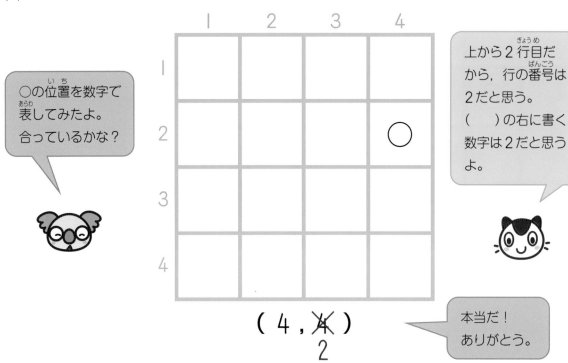

○の位置を数字で表してみたよ。合っているかな？

上から2行目だから，行の番号は2だと思う。（　）の右に書く数字は2だと思うよ。

本当だ！ありがとう。

(4 , ~~4~~)
2

(2)

数字が表す位置に○をつけてみたよ。合っているかな？

3が列の番号，1が行の番号だよ。だから，左から3列目，上から1行目じゃないかなあ。

そうだね　ありがとう！

(3 , 1)

1 次のマスには，列と行のそれぞれに番号がついています。また，（　）はマスの中の記号の位置を表しています。（　）の数字がまちがっているときは，×をつけて，正しい数字を答えましょう。

(1)
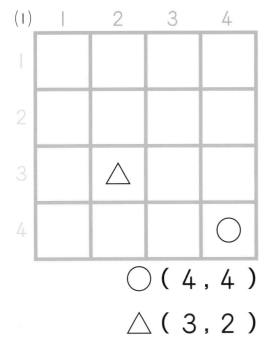

○（ 4 , 4 ）

△（ 3 , 2 ）

(2)
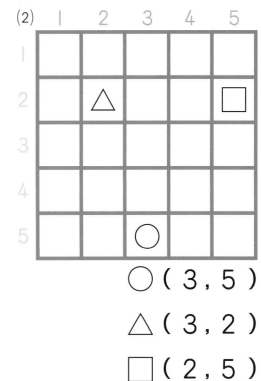

○（ 3 , 5 ）

△（ 3 , 2 ）

□（ 2 , 5 ）

2 次のマスには，列と行のそれぞれに番号がついています。また，（　）はマスの中の記号の位置を表しています。記号の位置がまちがっているときは，×をつけて，正しい位置に記号を書きましょう。

(1)
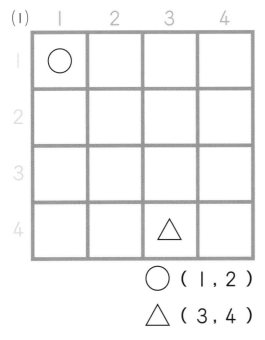

○（ 1 , 2 ）

△（ 3 , 4 ）

(2)
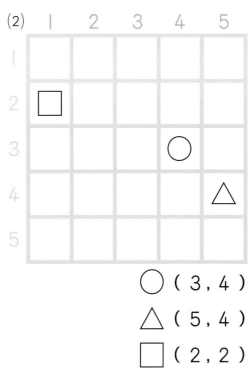

○（ 3 , 4 ）

△（ 5 , 4 ）

□（ 2 , 2 ）

まとめのテスト

できた数

／2問中

答え　10ページ

1　次のマスには，列と行のそれぞれに番号がついていて，右の(　　)はマスの位置を表しています。右の(　　)が表すマスを，すべてぬりつぶしましょう。

(1)

	1	2	3	4	5
1					
2					
3					
4					
5					

(1 , 3)
(2 , 2)
(2 , 4)
(3 , 1)
(3 , 5)
(4 , 2)
(4 , 4)
(5 , 3)

(2)

	1	2	3	4	5	6	7	8	9
1									
2									
3									
4									
5									
6									
7									
8									
9									

(2 , 6)
(3 , 3)
(3 , 7)
(4 , 8)
(5 , 8)
(6 , 8)
(7 , 3)
(7 , 7)
(8 , 6)

場所を数字で説明する力を身につけた！

くわしくいうと
★座標を理解する力
だよ！

この章で学んだ考え方を「座標」とよぶよ。
中学の数学でもプログラミングでも必要な考え方なんだ。

小学校の章

たからものはこれ

場所が説明できるレーダー

96 ページにシールをはろう

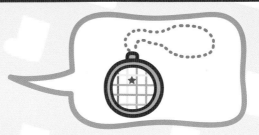

おうちの方へ　この力の活用方法

　この章を通じて，座標が指し示す位置を特定したり，逆に位置を座標で表現したりする方法を身につけました。画面に情報を提示するようなプログラムではこのような平面座標の理解は必須です。

　またそれに加えて本質的なのは，場所に名前をつける（番号を振る）ことによって，数字を使って場所を特定して説明ができるという考え方です。私たちの暮らす社会でも住所という仕組みで土地を説明しますが，コンピュータが扱う様々なデータに対しても，同じように数字を住所（アドレス）として場所を説明し処理を行うことができます。

暗号解読力を身につけろ

ミッション！

暗号解読力を身につけろ

空港でのミッションは暗号解読。
何を表している暗号なのか，解読表を使って
読みとこう。
暗号を作る問題にもちょうせんしてほしい。
いろいろなしゅるいの解読表を使いこなし，
「暗号を読みとく力」を身につけよう。
問題は少しずつむずかしくなるけれど，
全部とくと，ミッションクリア！

おうちの方へ　　この章で学ぶ考え方

　この章では「暗号解読」という題材で，情報の符号化を扱います。「符号化」とは，ちょっと難しい言葉ですが，ものごとを数字を使ったデータ（デジタルデータ）として表現することをいいます。ひとつ前の「小学校の章」では座標を使って場所を数字で指し示す方法を学びましたが，ここでは絵柄（記号）や文字を対応表（この章では「解読表」）を使って数値化します。

　対応表を使えば，文字などの記号列を数字で表したり，数字列から文字列を取り出したりすることができます。言葉で説明するとよく似ていますが，場所を数字で指し示すことと，内容そのものを数値化することは異なっています。

例題のワーク

れい だい

例 次の解読表を使って，あとの問いに答えましょう。
つぎ かいどくひょう つか と

解読表

暗号	1	2	3	4
絵	✈	✈	✈	✈

(1) 上の解読表を使って暗号を解読し，暗号が表す絵を答えましょう。
あんごう あらわ

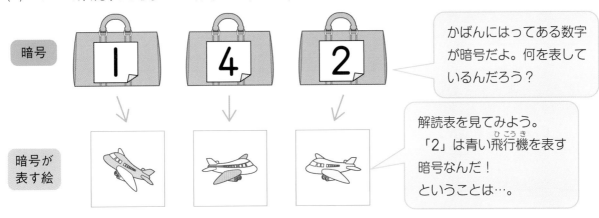

暗号

かばんにはってある数字が暗号だよ。何を表しているんだろう？

暗号が
表す絵

解読表を見てみよう。
「2」は青い飛行機を表す暗号なんだ！
ひこうき
ということは…。

(2) 上の解読表を使って，次の絵を表す暗号を作りましょう。

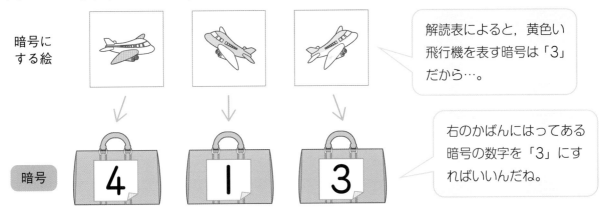

暗号に
する絵

解読表によると，黄色い飛行機を表す暗号は「3」だから…。

暗号

右のかばんにはってある暗号の数字を「3」にすればいいんだね。

空港の章

おうちの方へ　もっと深く知るために

　この章で扱った例題にもっとも近い応用で幅広く使われているのは，「文字コード」という仕組みです。文字コードとは，コンピュータで扱う文字を数値に対応させる表です。数字やアルファベットなど限られた文字を対象とした表や，日本語で用いる数多くの漢字を含むものなど，多様な対応表が使われています。

　今日用いられているコンピュータは原理的には数字，より正確には2進数（0と1の2種類の数字のみを使う数）を処理する機械です。共通の文字コードを用いることで，コンピュータで文字を扱ったり，コンピュータ間でメッセージをやり取りしたりすることができるようになっています。

きほんのワーク❶

答え 11ページ

🔹 次の解読表を使って，あとの問いに答えましょう。

解読表

暗号	1	2	3	4
絵				

暗号	5	6	7	8
絵				

1 上の解読表を使って暗号を解読し，暗号が表す絵のシールを□にはりましょう。

(1)

暗号	7	2	3	5

↓　↓　↓　↓

暗号の数字は…。

暗号が表す絵

数字が表す絵は何かな？解読表を見ればわかるよ！

解読表を使うと，絵を数字の暗号で表すことができるんだね。

(2)

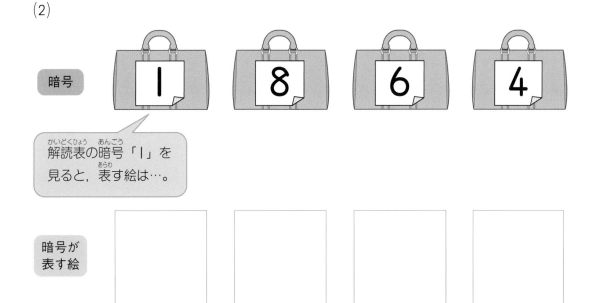

暗号

解読表の暗号「|」を
見ると，表す絵は…。

暗号が
表す絵

2 左ページの解読表を使って，次の絵を表す暗号を作りましょう。

(1)

暗号に
する絵

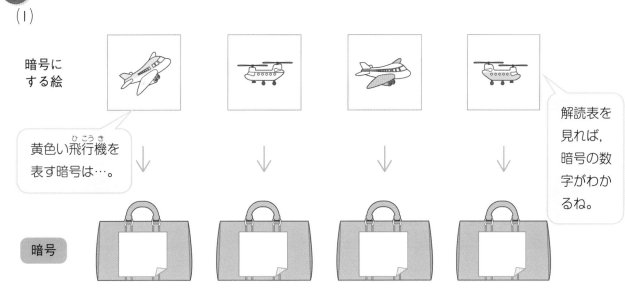

黄色い飛行機を
表す暗号は…。

解読表を
見れば，
暗号の数
字がわか
るね。

暗号

(2)

暗号に
する絵

暗号

 ないしょのにんむ

2つの文をくらべよう。
どんな言葉がかくれているかな。

★むありくそなもねやうゆのずきこやようぜく
★むありてそなもねやにゆのずきもやよつぜく

勉強した日　月　日

きほんのワーク❷

答え 11ページ

1 解読表を使って暗号を解読し，□に書きましょう。

(1)

暗号　184

今度はひらがなの解読表だ。

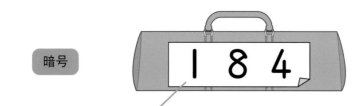

解読表

暗号	1	2	3	4	5	6	7	8	9
字	に	し	か	つ	ぼ	め	ろ	も	ん

暗号が表す字　□　□　□

いろんなものを暗号にできるんだね。

(2)

暗号　6525

解読表

暗号	1	2	3	4	5
字	の	こ	ち	ふ	う

暗号	6	7	8	9	0
字	く	あ	お	だ	ら

暗号が表す字
□ □ □ □

(3)

暗号　9253

解読表

暗号	1	2	3	4	5
字	り	こ	き	な	う

暗号	6	7	8	9	0
字	え	さ	ま	ひ	が

暗号が表す字
□ □ □ □

ないしょのにんむのこたえ

2つの文のうち，ちがう文字は4つ
答えは「くうこう」，「てにもつ」

★むありくそなもねやうゆのずきこやようぜ
★むありてそなもねやにゆのずきもやようぜ

2 解読表を使って，次の字を表す暗号を作りましょう。

(1)

暗号に
する字　カ　メ　ラ

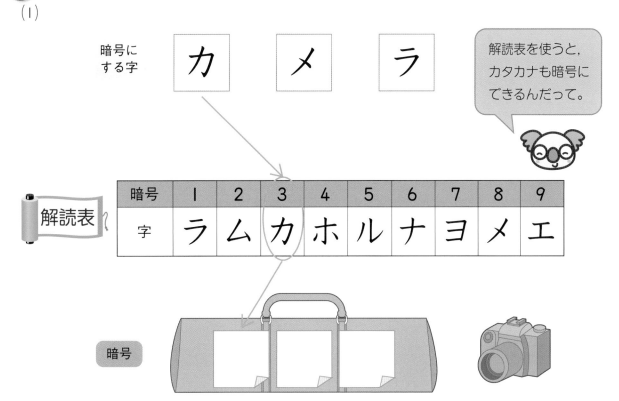

解読表

暗号	1	2	3	4	5	6	7	8	9
字	ラ	ム	カ	ホ	ル	ナ	ヨ	メ	エ

暗号

(2)

暗号に
する字　パ　イ　ロ　ッ　ト

解読表

暗号	1	2	3	4	5
字	イ	ャ	ザ	パ	ト

暗号	6	7	8	9	0
字	ッ	ロ	ヲ	ギ	ネ

暗号

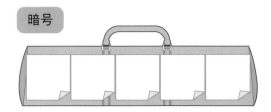

(3)

暗号に
する字　パ　ス　ポ　ー　ト

解読表

暗号	1	2	3	4	5
字	ゾ	ー	ポ	パ	ト

暗号	6	7	8	9	0
字	ベ	リ	コ	ス	ウ

暗号

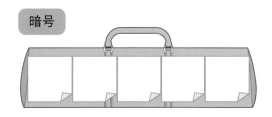

練習のワーク

答え 12ページ

次の解読表を使って，あとの問いに答えましょう。

解読表

暗号	11	12	13	14	15
字	あ	い	う	え	お
暗号	21	22	23	24	25
字	か	き	く	け	こ
暗号	31	32	33	34	35
字	さ	し	す	せ	そ
暗号	41	42	43	44	45
字	た	ち	つ	て	と
暗号	51	52	53	54	55
字	な	に	ぬ	ね	の
暗号	61	62	63	64	65
字	は	ひ	ふ	へ	ほ
暗号	71	72	73	74	75
字	ま	み	む	め	も
暗号	81	82	83	84	85
字	や	ゆ	よ	わ	ん
暗号	91	92	93	94	95
字	ら	り	る	れ	ろ

例 「きりん」を暗号にすると
「22　92　85」

| 22 | 92 | 85 | です。

ないしょのにんむ のこたえ

2つの文のうち，ちがう文字は4つ
答えは「ひこうき」，「ろけっと」

★なさぬひうんふてこてなはうるうえじゃき
★なさぬろうんふてけてなはうるうえじゃと

1 左の解読表を使って，暗号を解読しましょう。

(1)

暗号

31	12	21	12

暗号が表す字

(2)

暗号

23	75	55	13	14

暗号が表す字

2 左の解読表を使って，次の字を表す暗号を作りましょう。

(1)

暗号にする字

な	つ	や	す	み

暗号

(2)

暗号にする字

ま	ち	あ	わ	せ

暗号

練習のワークはむずかしいね！
みんなでちょっと答えあわせをしてみない？

うん，やってみよう！

まちがいさがしで **練習のワーク**

答え 12ページ

❖ まちがっていないか，みんなでかくにんしましょう。

(1)

暗号

41　25　81　22

> 64ページの解読表を使って暗号を解読してみたよ。
> 合っているかな？

暗号が表す字

| た | ✗ | や | き |

こ

> 解読表を見ると，「25」は「こ」だよ。
> だから，正しくはこうじゃない？

- -

(2)

暗号にする字

あ　ま　な　つ

> 64ページの解読表を使って，今度は暗号を作ってみたよ。

暗号

| ✗12 | 71 | 51 | ✗44 |

11 ⋯⋯⋯⋯⋯⋯ 43

> 解読表を見ると，「あ」は「11」，「つ」は「43」だよ。
> だから，こうなるんじゃない？

1 64ページの解読表を使って，暗号を解読しました。□の字がまちがっている
ときは，×をつけて，正しい字を答えましょう。

(1)

暗号
| 21 | 71 | 74 | 32 |

暗号が表す字
| か | ま | く | ら |

(2)

暗号
| 74 | 85 | 41 | 12 | 25 |

暗号が表す字
| ふ | え | た | い | こ |

2 64ページの解読表を使って，次の字を表す暗号を作りました。□の数字がま
ちがっているときは，×をつけて，正しい数字を答えましょう。

(1)

暗号にする字
れ　い　め　ん

暗号
| 83 | 12 | 74 | 81 |

(2)

暗号にする字
か　き　ふ　ら　い

暗号
| 21 | 32 | 63 | 15 | 12 |

暗号解読力を身につけろ

まとめのテスト

できた数

／4問中

答え 12ページ

解読表

暗号	11	12	13	14	15	16	17
字	A	B	C	D	E	F	G
暗号	18	19	20	21	22	23	24
字	H	I	J	K	L	M	N
暗号	25	26	27	28	29	30	31
字	O	P	Q	R	S	T	U
暗号	32	33	34	35	36		
字	V	W	X	Y	Z		

1 上の解読表を使って暗号を解読し，暗号が表す字のシールを□にはりましょう。

(1)

暗号

12 11 17

暗号が表す字

☐ ☐ ☐

(2)

暗号

29 21 35

暗号が表す字

☐ ☐ ☐

2 上の解読表を使って，次の字を表す暗号を作りましょう。

(1)

暗号にする字

S E A

暗号

☐ ☐ ☐

(2)

暗号にする字

P L A N E

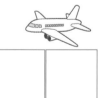

暗号

☐ ☐ ☐ ☐ ☐

暗号を読みとく力を身につけた！

くわしくいうと
★数字でものごとを表すしくみを理解する力
★ある数字が何を表すかを追う力
だよ！

たからものはこれ

世界中の暗号が解読できる本

96 ページにシールをはろう

空港の章

おうちの方へ　この力の活用方法

　この章では，文字と数字が一対一に対応していて，それが「解読表」に書かれています。これ以外にも，色と数字の対応を決めて画面の点々をひとつずつ順に並べることで画像を表現したり，音波を一定時間ごとに区切って抽出して記録したりというように，一対一の対応表よりもさらに複雑なルールを用いて実世界のものごとを数値化することもできます。これにより，実世界の多様な情報をコンピュータで扱うことができるようになっています。

　コンピュータは様々な情報を扱える魔法の箱のように感じるかもしれませんが，こうした符号化が理論的な基礎になっています。

条件ぴったりのつみ木をえらび出せ！

ミッション！

条件ぴったりのつみ木をえらび出せ！

たくさんのつみ木の中から，
条件に合っているものを見つけよう。
条件はかんたんなものから，
だんだんむずかしいものにかわっていくよ。
どんな条件のときでもこれを読みとき，
「必要なものをえらぶ力」を身につけよう。
全部とくと，ミッションクリア！

おうちの方へ　この章で学ぶ考え方

　この章では，プログラムの記述でよく使う条件の組み立て方を学びます。プログラム中では，ある条件を満たしたときにだけ実行する命令があり，「条件文」として書かれています。

　例えば「ある変数がある値と等しいとき，この処理をする」などというのはよくある条件文の例です。条件次第で別の処理を行わせることを「条件分岐」といい，条件文でそれを指定することができます。さらに複雑なプログラムを記述するには，複数の条件を組み合わせて複雑な条件をつくる場合もあります。このように条件の組み立てはプログラミングにおいて大切な要素になっています。

例題のワーク その1

例1 ■ の条件にあてはまるつみ木をすべてえらんで，○をつけましょう。

条件
形が
のもの

1 条件は，丸い形のつみ木。

2 だから，色や向きに関係なく，形でえらぼう。

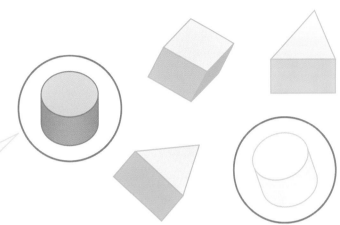

例2 または は，どちらかの条件にあてはまるという意味を表す記号です。■ の条件にあてはまるつみ木をすべてえらんで，○をつけましょう。

条件 形が のもの または **条件** 形が のもの

条件は，丸い形か，四角い形のつみ木。

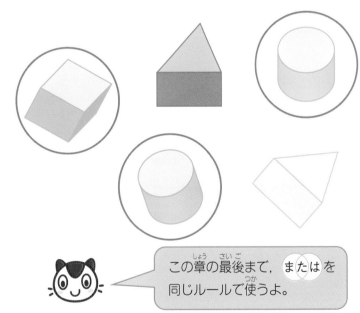

この章の最後まで， または を同じルールで使うよ。

児童館の章

おうちの方へ　もっと深く知るために

　条件は，当てはまるか（真），当てはまらないか（偽）のどちらかにしかなりません。ですが，例えば「xが1のとき」「xが2のとき」などというようにいくつも条件を並べて書くことでたくさんの分岐をさせることができます。さらには，複数の条件のどれかを満たす「または」や，同時に満たす「さらに」などを使っていくつかの条件を組み合わせることで，より細かな条件をつくることもできます。

　複雑なプログラムを実現するには，このように複雑な条件を明確に組み立てることが必要です。この章ではこうした条件の組み合わせの練習をします。

きほんのワーク❶ その1

答え　13ページ

1 ■の条件にあてはまるつみ木をすべてえらんで，○をつけましょう。

(1)

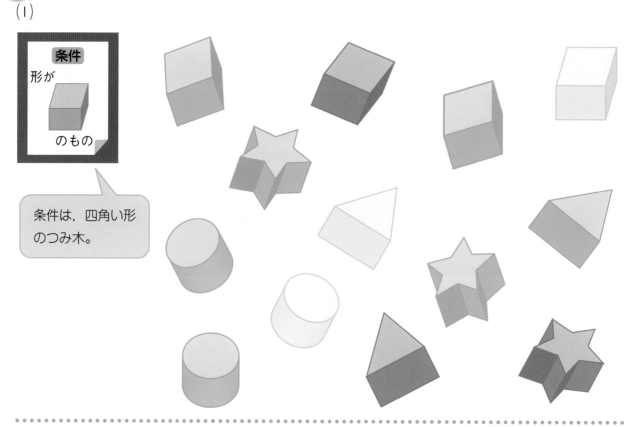

条件
形が
のもの

条件は，四角い形
のつみ木。

(2)

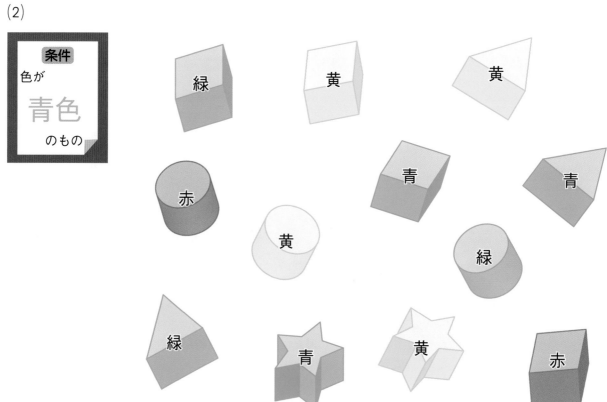

条件
色が
青色
のもの

2 ■の条件^{じょうけん}にあてはまるつみ木をすべてえらんで，○をつけましょう。

(1)

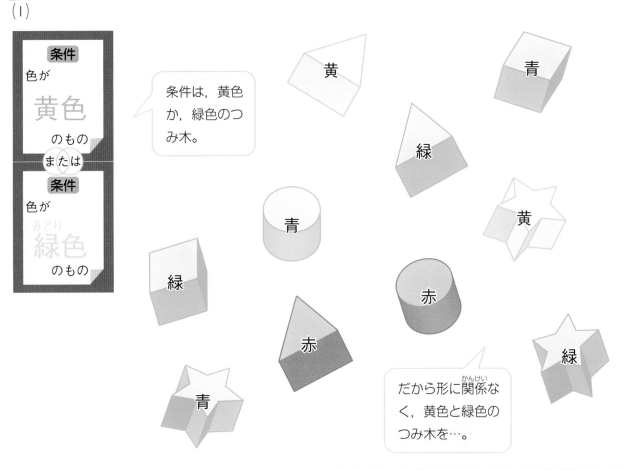

(2)

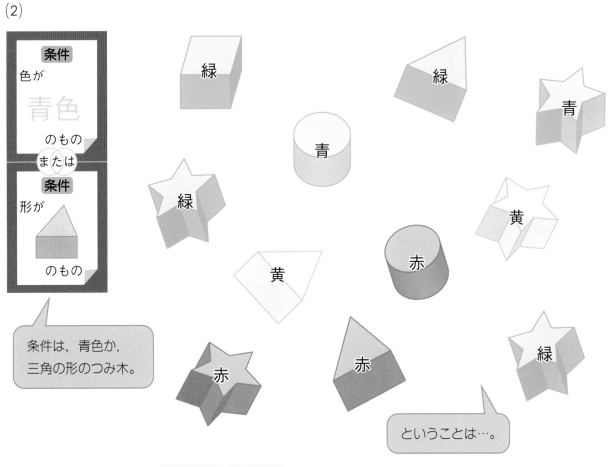

 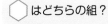  

例題のワーク その2

例1 さらに は，両方の条件にあてはまるという意味を表す記号です。■ の条件にあてはまるつみ木をすべてえらんで，○をつけましょう。

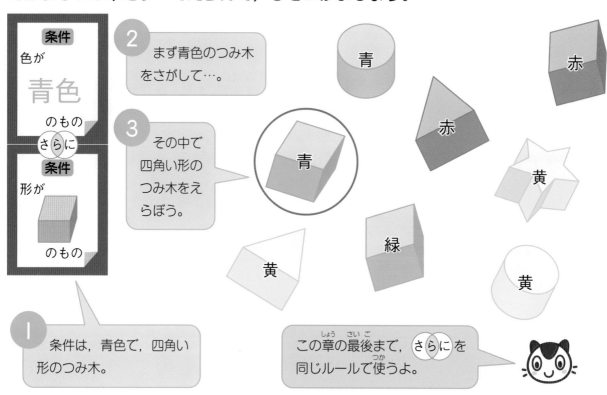

例2 ■ の条件にあてはまるつみ木をすべてえらんで，○をつけましょう。

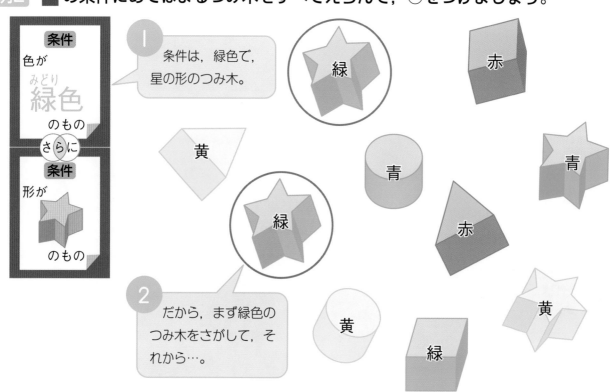

ないしょのにんむのこたえ 答えは「ひだり組」 ひだり組は角がある図形だから。

きほんのワーク❶ その2

答え 13ページ

1 ■の条件にあてはまるつみ木をすべてえらんで，○をつけましょう。

(1)

条件
色が
赤色
のもの

さらに

条件
形が
のもの

 赤
 緑
 黄
赤
 赤
黄
 緑

青
赤
青

(2)

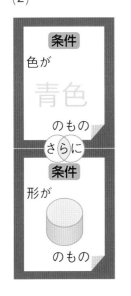

条件
色が
青色
のもの

さらに

条件
形が
のもの

 青
緑
赤
青
緑
 黄
黄
赤
青
青
赤
緑

 ないしょのにんむ　24はどちらの組？　ひだり組 9 12 15 18　みぎ組 5 10 15 20

児童館の章

75

きほんのワーク②

答え 14ページ

1 ■の条件にあてはまるつみ木をすべてえらんで，○をつけましょう。

(1)

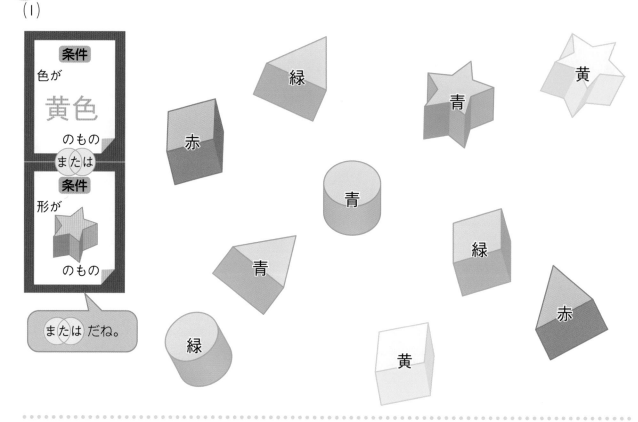

条件
色が
黄色
のもの
または
条件
形が
のもの

または だね。

(2)

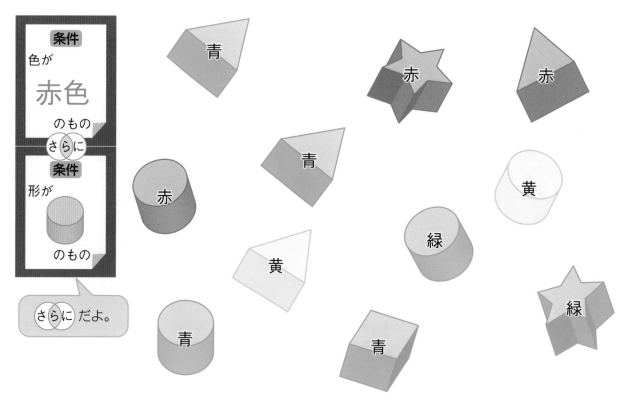

条件
色が
赤色
のもの
さらに
条件
形が
のもの

さらに だよ。

ないしょのにんむのこたえ　答えは「ひだり組」　ひだり組は九九の3のだん，みぎ組は5のだん。24は3のだんの数だから。

❷ ■の条件にあてはまるつみ木をすべてえらんで，○をつけましょう。

(1)

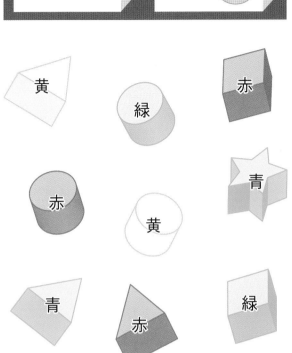

(2)

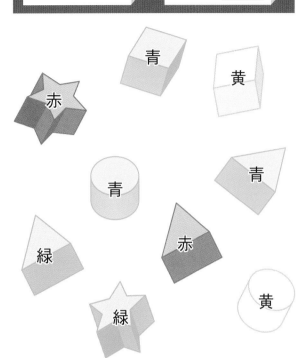

(3)
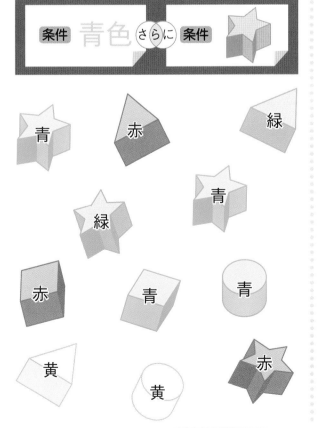

(4)
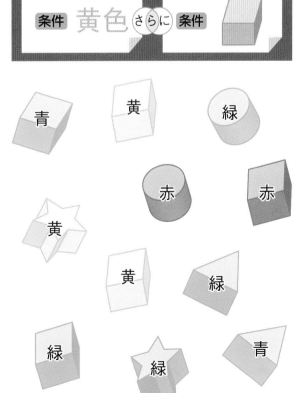

児童館の章

 **ないしょのにんむ** 「川」はどちらの組？　ひだり組　光　空　星　　みぎ組　海　湖　波

77

練習のワーク

答え 14ページ

1 ○のついた図だけがえらばれるための条件は何ですか。□にあてはまる番号を，①〜④からえらんで書きましょう。また，{ }の(または)と(さらに)の記号のうち，正しいほうに○をつけましょう。

(1)

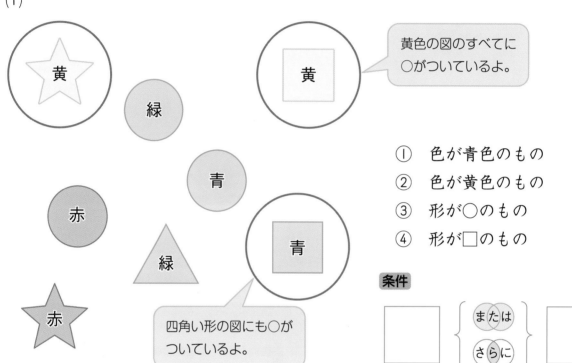

黄色の図のすべてに○がついているよ。

① 色が青色のもの
② 色が黄色のもの
③ 形が○のもの
④ 形が□のもの

四角い形の図にも○がついているよ。

条件

□ { (または) / (さらに) } □

(2)

赤色で，星の形の図だけに○がついているよ。

① 色が赤色のもの
② 色が黄色のもの
③ 形が☆のもの
④ 形が△のもの

条件

□ { (または) / (さらに) } □

ないしょのにんおのこたえ　答えは「みぎ組」　みぎ組は水にかかわる漢字だから。

2 ■■■の条件にあてはまるものをすべてえらんで，○をつけましょう。

(1)

| 条件 | 鳥 さらに 空をとぶ |

ヒヨコ

スズメ

ペンギン

ひ こう き
飛行機

き きゅう
気球

カラス

ヘリコプター

ハト

(2)

| 条件 | ひらがな または 数字 |

あ　5　な

英　社　算

理　3　国　8

 練習のワークはむずかしいね！
みんなでちょっと答えあわせをしてみない？

うん，やってみよう！

まちがいさがしで 練習のワーク

答え 15ページ

❖ まちがっていないか，みんなでかくにんしましょう。

(1)

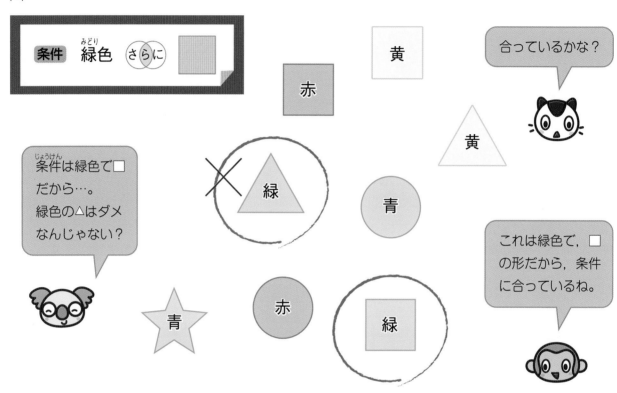

(2)

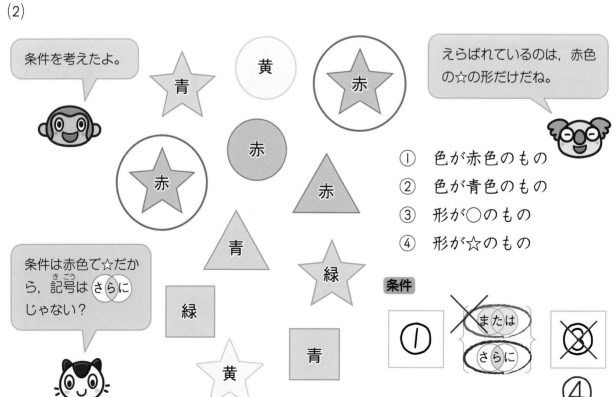

1 ■■■の条件にあてはまる図に○をつけました。あてはまらない図に○をつけている場合は×をつけましょう。また，あてはまるのに○をつけていない図には○をつけましょう。

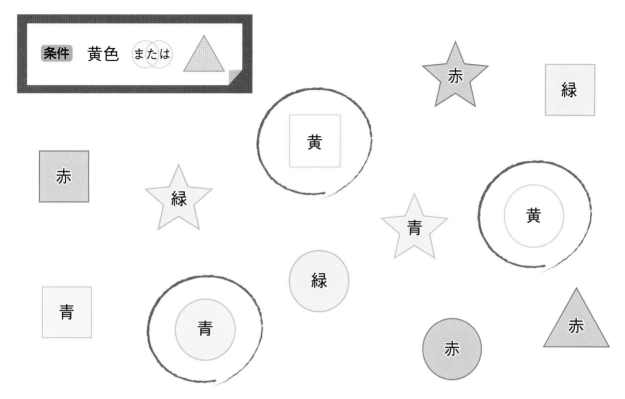

2 ○のついた図だけがえらばれるための条件を考えました。条件の番号や記号がまちがっているときは，×をつけて，正しい条件の番号や記号を答えましょう。

まとめのテスト

答え　15ページ

1 　　　の条件にあてはまるつみ木をすべてえらんで，○をつけましょう。

条件1　赤色　さらに　🟦　または　条件2　青色　さらに　🥫

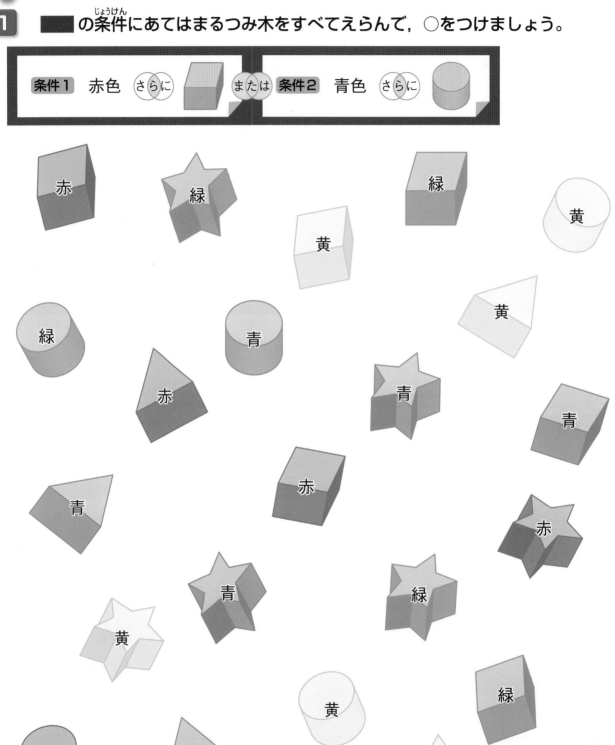

ミッションクリア!!

必要なものをえらぶ力を身につけた！

くわしくいうと
★条件を読みとく力
★条件を組み立てる力
★条件をたしかめる力
だよ！
よくがんばったね。

たからものはこれ

条件に合うものを思いつく ぼうし

96ページにシールをはろう

児童館の章

おうちの方へ　この力の活用方法

　複雑なプログラムであるほど，条件も複雑になることが多くなります。複雑な条件の組み立ては，慣れたプログラマにとってもしばしばプログラムの間違い（バグ）の原因となります。このように条件の組み立ては，大切で，そして難しいものです。プログラミングに限らず，論理的にものごとを考えることは日常生活でも大切なことですよね。

　実際のプログラミングでは，最初から間違いのまったくないプログラムを書こうとするよりも，間違いを見つけて直すことで完成に近づけていきます。「バグ取り」（デバッグ）と言われるこの作業は，まさに本書の「まちがいさがして練習のワーク」に相当しています。

近道を見つける力を手に入れろ

おうちの方へ　この章で学ぶ考え方

　この章では，手順を順番に書き出すということがテーマになっています。コンピュータはプログラムに記述された命令を書かれている順番にひとつずつ実行していきます。このことを「逐次実行」といいます。そして実際にプログラミングをする際には，実行したい内容をひとつずつ順番に書いていきます。

　この章では，マスの移動を直接書き込むのではなくあえて矢印の順番によって表現することで，手順を客観的に記述する練習をします。後半には記述された矢印から実際の移動を追いかける問題も登場します。この章を通して体験するのは，マスの移動のプログラムを書くこと，実行することだといえるでしょう。

例題のワーク

例　スイカまで進む近道を考えます。次のルールで進むとき，□の中の矢印のうち，進む方向にあてはまるものをなぞりましょう。そのあと，矢印の通りに進むとスイカに着くかどうか，指でなぞってたしかめましょう。

ルール
・1回に1マス進めます。
・動く回数（通るマスの数）がもっとも少なくなるように進みます。
・進む方向は，上，下，左，右の4つです。ななめには進めません。
・同じマスは1度しか通れません。　　※この章の最後まで，同じルールで進みます。

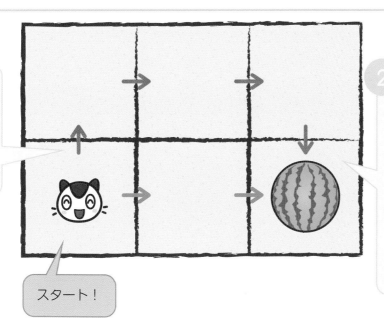

1　スイカに行く近道はどれかな。矢印を書きながら考えよう。

スタート！

2　→のように進むと，スイカまで4回動くよ。→のように進むと，スイカまで2回しか動かない！
ということは，近道は→だね。

3　→では，1回目に→，2回目に→という順に進んでいるね。だから，①が→，②が→だよ。

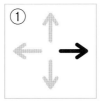

①

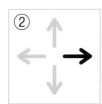

②

4　答えた矢印の通りに進むと，ちゃんとスイカに行けるかな？
マスをなぞってかくにん！

①右
②右

進む方向の矢印をなぞろう！

きほんのワーク①

答え 15ページ

別 ❶ スイカまで進む近道を考えます。□の中の矢印のうち，進む方向にあてはまる
ものをなぞりましょう。そのあと，矢印の通りに進むとスイカに着くかどうか，指
でなぞってたしかめましょう。

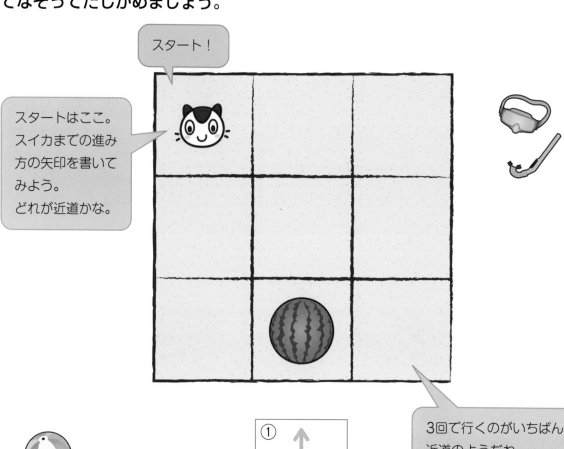

スタート！

スタートはここ。
スイカまでの進み
方の矢印を書いて
みよう。
どれが近道かな。

3回で行くのがいちばんの
近道のようだね。

①

答えは1通りじゃないんだ。
どの近道を見つけられたかな？
どれか1つを見つけられたらオー
ケーだよ！

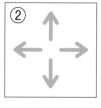

②

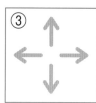

③

終わったら，指でなぞって
かくにんしよう！

別 マークがある問題は，答えが1通りではありません。「答えとてびき」には全部の
答えがのっています。そのうちのどれかを答えていれば正解です。

2 スイカまで進む近道を考えます。□の中の矢印のうち，進む方向にあてはまるものをなぞりましょう。そのあと，矢印の通りに進むとスイカに着くかどうか，指でなぞってたしかめましょう。

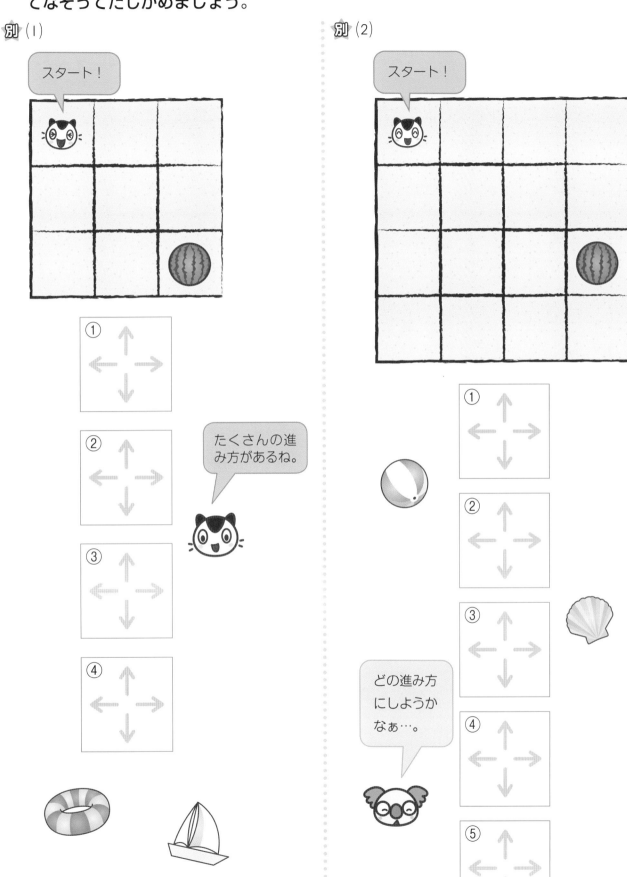

別(1)

スタート！

① ↑ ← → ↓

たくさんの進み方があるね。

② ↑ ← → ↓

③ ↑ ← → ↓

④ ↑ ← → ↓

別(2)

スタート！

① ↑ ← → ↓

② ↑ ← → ↓

どの進み方にしようかなぁ…。

③ ↑ ← → ↓

④ ↑ ← → ↓

⑤ ↑ ← → ↓

ないしょのにんむ

次の文字を矢印の通りに読もう。どんな言葉がかくれているかな。　うみうし　みずがめ　①↑　②↑　③↓　④↓

きほんのワーク②

答え 17ページ

1 スイカまで進む近道を考えます。□の中の矢印のうち，進む方向にあてはまるものをなぞりましょう。そのあと，矢印の通りに進むとスイカに着くかどうか，指でなぞってたしかめましょう。ただし，カニのいるマスは通れません。

別 (1)

スタート！

①

②

カニのいるマスは
通れないから…。

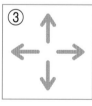
③

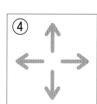
④

別 (2)

スタート！

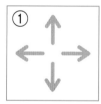
①

②

③

④

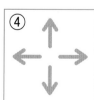

  ないしょのにんむのこたえ

↑↑↓↓（上，上，下，下）
答えは「うみがめ」

うみうし
みずがめ

2 スイカまで進む近道を考えます。□の中の矢印のうち，進む方向にあてはまるものをなぞりましょう。そのあと，矢印の通りに進むとスイカに着くかどうか，指でなぞってたしかめましょう。ただし，パラソルのあるマスは通れません。

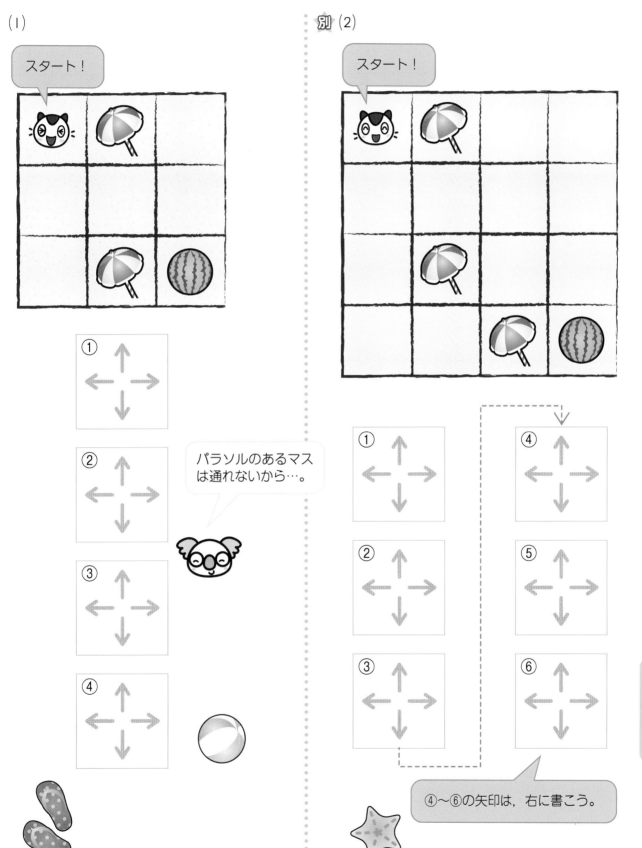

(1) スタート！

① ②

パラソルのあるマスは通れないから…。

③ ④

(2) 別 スタート！

① ② ③ ④ ⑤ ⑥

④〜⑥の矢印は，右に書こう。

ないしょのにんむ　次の文字を矢印の通りに読もう。どんな言葉がかくれているかな。　まどから　やまもり　①↓②↑③↑④↓

89

すなはまの章

練習のワーク

答え 18ページ

1 かき氷のマスを通ってからスイカまで進む近道を考えます。□の中の矢印のうち，進む方向にあてはまるものをなぞりましょう。そのあと，矢印の通りに進むとスイカに着くかどうか，指でなぞってたしかめましょう。ただし，カニのいるマスは通れません。

別 (1)

別 (2)

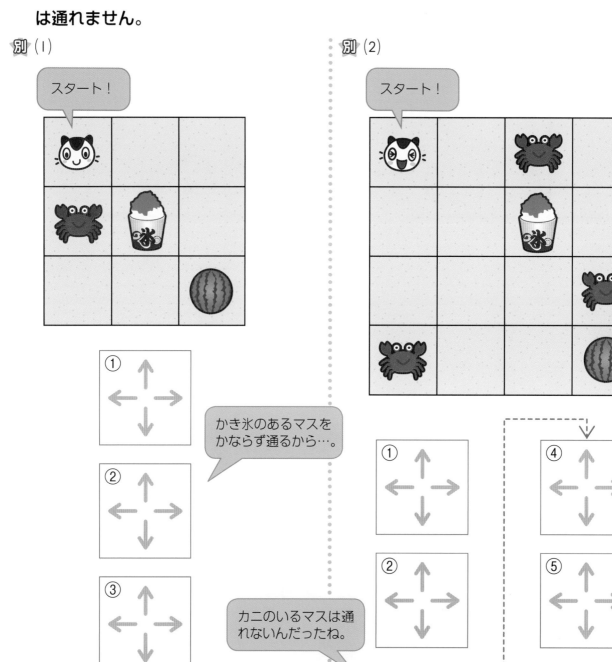

かき氷のあるマスをかならず通るから…。

カニのいるマスは通れないんだったね。

ないしょのにんむのこたえ
↓↑↑↓（下，上，上，下）
答えは「やどかり」

ま ど か ら
や ま も り

2 かき氷のマスを通ってからスイカまで進む近道を考えます。□の中の矢印のうち，進む方向にあてはまるものをなぞりましょう。そのあと，矢印の通りに進むとスイカに着くかどうか，指でなぞってたしかめましょう。ただし，パラソルのあるマスは通れません。

別（1）

スタート！

① ↑ ← → ↓

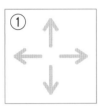

② ↑ ← ↓

③ ↑ ← ↓

④ ↑ ← → ↓

別（2）

スタート！

① ↑ ← → ↓

④ ↑ ← → ↓

② ↑ ← → ↓

⑤ ↑ ← → ↓

③ ↑ ← → ↓

⑥ ↑ ← → ↓

練習のワークはむずかしいね！
みんなてちょっと答えあわせをしてみない？

うん，やってみよう！

91

 まちがいさがしで **練習のワーク**

答え 19ページ

❀ まちがっていないか，みんなでかくにんしましょう。

スタート！

スイカまでの近道
を考えてみたよ。
見てみて〜。

カニのいるマス
と，パラソルの
あるマスは通れ
ないんだよね。

③で↓に進むとパラソルの
マスになってしまうから，
→じゃない？

なるほど。
ありがとう！

①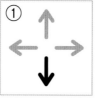

②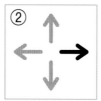

③

そうだね。そして，④で
↓に進むと，スイカに行
けるよね。

④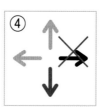

1 スイカまで進む近道を考えます。進む方向の矢印がまちがっているときは，×をつけて，正しい矢印をなぞりましょう。ただし，カニのいるマスやパラソルのあるマスは通れません。

(1)

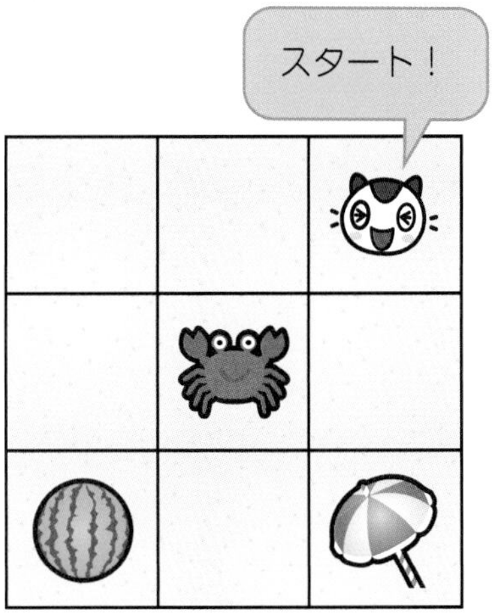

スタート！

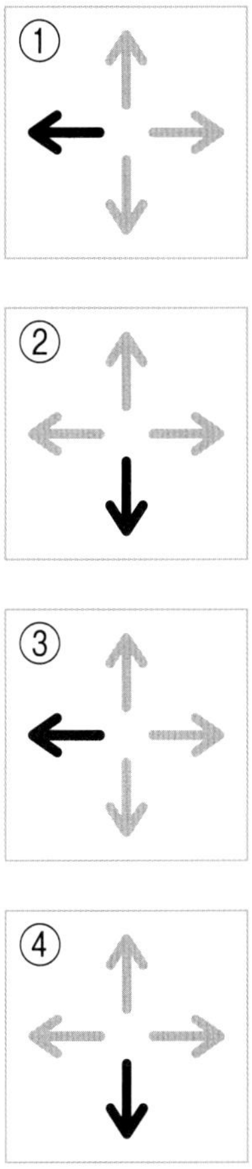

①
②
③
④

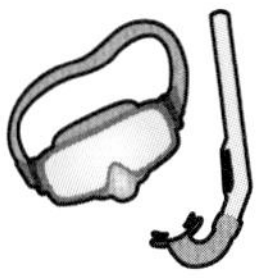

(2)

スタート！

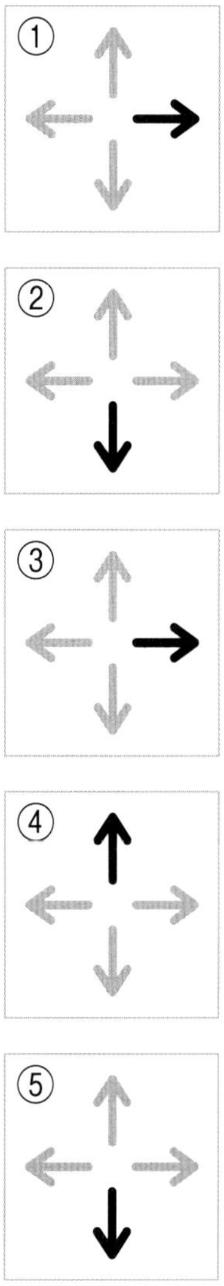

①
②
③
④
⑤

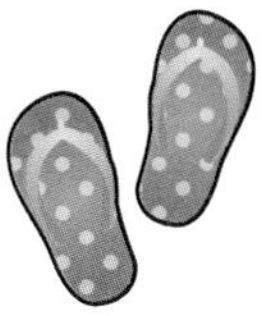

まとめのテスト

できた数

／4問中

答え　19ページ

1　かき氷のマスを通ってからスイカまで進む近道が4つあります。全部見つけ，それぞれについて□の中の矢印のうち，進む方向にあてはまるものをなぞりましょう。ただし，カニのいるマスやパラソルのあるマスは通れません。

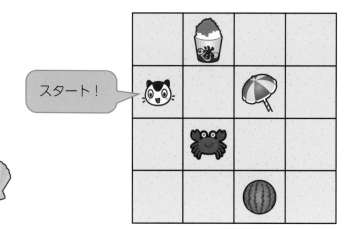

スタート！

近道1	近道2	近道3	近道4
①	①	①	①
②	②	②	②
③	③	③	③
④	④	④	④
⑤	⑤	⑤	⑤
⑥	⑥	⑥	⑥
⑦	⑦	⑦	⑦
⑧	⑧	⑧	⑧

ミッションクリア!!

近道を見つける力を身につけた!

くわしくいうと
★目的（もくてき）をクリアするための手順（てじゅん）を考える力
★考えた手順が正しいか，たしかめる力
だよ！

たからものはこれ

近道を見つけられるめがね

96 ページにシールをはろう

おうちの方へ　この力の活用方法

　この章で行ったのは，マス目の移動という限定的な課題ではありますが，プログラムを書き，実行するというかなり直接的な体験でした。つまりプログラミングというのは，手順を客観的に記述するということにほかなりません。

　コンピュータはプログラムに書いてあるとおりに動作をします。コンピュータを思ったとおりに動かすには，やりたいことを客観的に筋道立て，手順を正確に伝達することが必要です。こうした手順の組み立てと伝達はプログラミングに限らず，例えば口頭での道案内などのように日常のあらゆる場面でのコミュニケーションにおいて重要なスキルです。

手に入れた力とたからもの

動物園の章

手に入れた力
- ▶箱の中身（データ）の変化をイメージする力
- ▶計算する力

たからもの
箱の中を
とうしできる
そうがんきょう

シール

空港の章

手に入れた力
- ▶数字でものごとを表すしくみを理解する力
- ▶ある数字が何を表すかを追う力

たからもの
世界中の
暗号が
解読できる本

シール

おかし屋さんの章

手に入れた力
- ▶＞, ＝, ＜などを読みとく力
- ▶くらべやすいようにものごとを抽象化する力

たからもの
＞, ＝, ＜が
うつるメダル

シール

児童館の章

手に入れた力
- ▶条件を読みとく力　▶条件を組み立てる力
- ▶条件をたしかめる力

たからもの
条件に合う
ものを思い
つくぼうし

シール

おもちゃ工場の章

手に入れた力
- ▶先に入れたものを順番にとり出すトンネルの方式をイメージする力
- ▶後に入れたものを先にとり出すおもちゃ箱の方式をイメージする力

たからもの
流れを
見つけ出す
ライト

シール

すなはまの章

手に入れた力
- ▶目的をクリアするための手順を考える力
- ▶考えた手順が正しいか，たしかめる力

たからもの
近道を
見つけられる
めがね

シール

小学校の章

手に入れた力
- ▶座標を理解する力

たからもの
場所が
説明できる
レーダー

シール

ひみつロボのルールを発見しよう

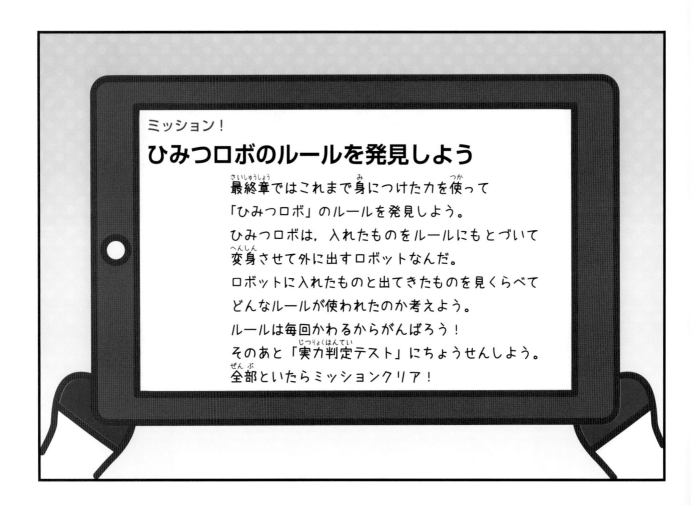

ミッション！

ひみつロボのルールを発見しよう

最終章ではこれまで身につけた力を使って
「ひみつロボ」のルールを発見しよう。

ひみつロボは，入れたものをルールにもとづいて
変身させて外に出すロボットなんだ。

ロボットに入れたものと出てきたものを見くらべて
どんなルールが使われたのか考えよう。

ルールは毎回かわるからがんばろう！

そのあと「実力判定テスト」にちょうせんしよう。

全部といたらミッションクリア！

おうちの方へ　　この章で学ぶ考え方

　最終章では，プログラム中の複数の手続きに名前をつけてひとまとめにする「関数」を扱います。関数を使う際には
その関数が何を行う関数なのか，どのような入力をするとどのような結果が出るのかを理解することが大切です。
　この章のワークでは，ロボットが問題ごとに違うルールで何らかの処理を行います。この処理を関数に見立てて，そ
の内部で何が行われているのかを想像してみるというのが，ここでの狙いです。一貫したルールに沿って入力を出力に
変換していることを体験してみましょう。またそのルールに沿って，自らもいくつかの変換をやってみましょう。

例題のワーク

例　ひみつロボに入れたものと出てきたものを見て，次の問いに答えましょう。

(1)　ひみつロボが使っているルールを見つけて，□にあてはまる数字を書きましょう。

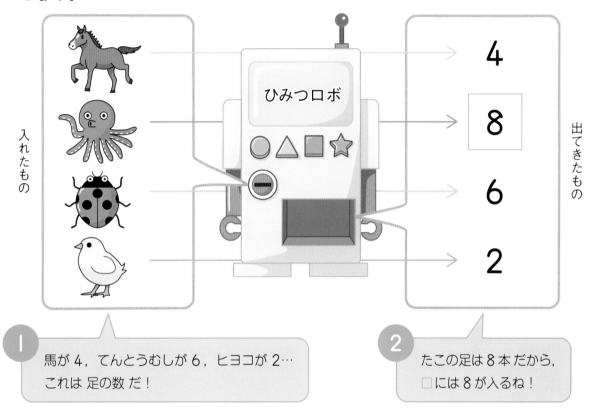

入れたもの

ひみつロボ

出てきたもの

4

8

6

2

1　馬が 4，てんとうむしが 6，ヒヨコが 2…
これは 足の数 だ！

2　たこの足は 8 本だから，
□には 8 が入るね！

(2)　(1)でひみつロボが使ったルールをかんたんに書きましょう。

「足の数」という言葉が入っていればオーケーだよ。

ルール（　生き物の足の数　）

おうちの方へ　もっと深く知るために

　プログラミングにおける「関数」は，受け取った入力に対して一定の手順で処理を行い，結果を返却する一連の命令のまとまりです。関数には名前をつけて，プログラム中で何度も利用できるようにします。処理にうまくまとまりをつくることは，複雑なプログラムを見通しよく作成するために必要なスキルです。

　小さな部品のまま寄せ集めていきなり全体を作ることは難しいですが，段階的に組み立てることで，構造が整理されます。これはプログラミングに限らず，様々な情報の整理に活用できる考え方です。例えば生物でも，細胞→組織→器官→個体という段階的な整理をしますが，同様に捉えることができます。

最終章

最後のミッションはさすがにてごわいね！

きほんのワーク❶

勉強した日　　月　　日

答え 20ページ

❶　ひみつロボに入れたものと出てきたものを見て，次の問いに答えましょう。

(1)　ひみつロボが使っているルールを見つけて，□にあてはまる数字を書きましょう。

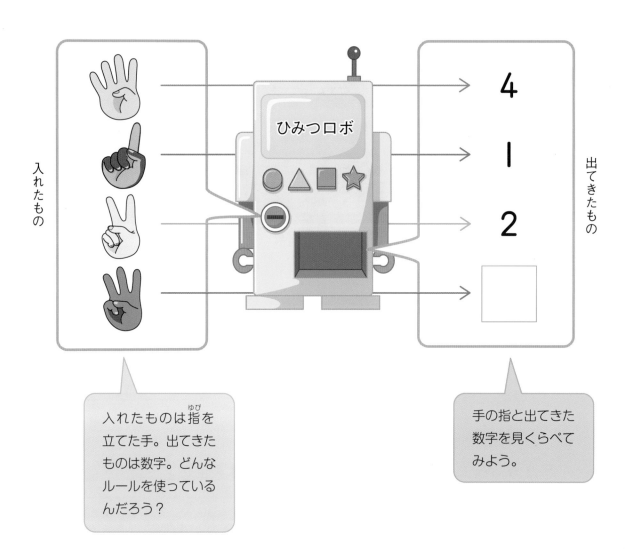

入れたもの

出てきたもの

入れたものは指を立てた手。出てきたものは数字。どんなルールを使っているんだろう？

手の指と出てきた数字を見くらべてみよう。

(2)　(1)でひみつロボが使ったルールをかんたんに書きましょう。

 ルール （　　　　　　　　　　　　　　　　）

このひみつロボは，何の数を数えているのかな…？

2 ひみつロボに入れたものと出てきたものを見てルールを見つけ、□にあてはまる文字を書きましょう。また、ひみつロボが使ったルールを（　　）に書きましょう。

(1)

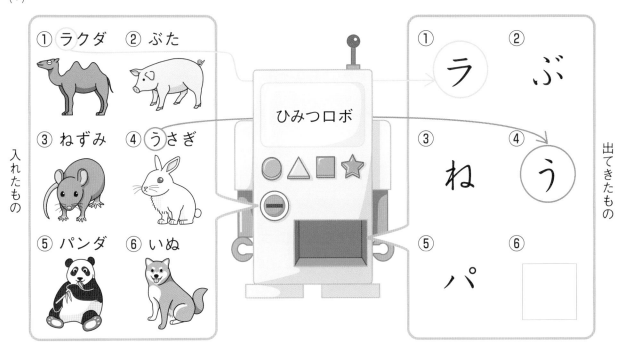

入れたもの
① ラクダ　② ぶた
③ ねずみ　④ うさぎ
⑤ パンダ　⑥ いぬ

ひみつロボ

出てきたもの
① ラ　② ぶ
③ ね　④ う
⑤ パ　⑥ □

ルール（　　　　　　　　　　　　　　　　　　　　）

(2)

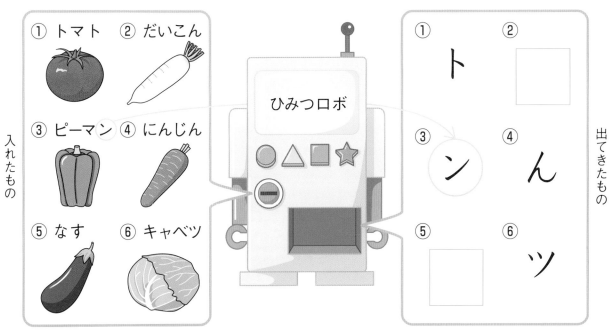

入れたもの
① トマト　② だいこん
③ ピーマン　④ にんじん
⑤ なす　⑥ キャベツ

ひみつロボ

出てきたもの
① ト　② □
③ ン　④ ん
⑤ □　⑥ ツ

ルール（　　　　　　　　　　　　　　　　　　　　）

きほんのワーク②

答え 20ページ

1 ひみつロボに入れたものと出てきたものを見てルールを見つけ，□にあてはまる記号や数字を書きましょう。また，ひみつロボが使ったルールを（　　）に書きましょう。

(1)

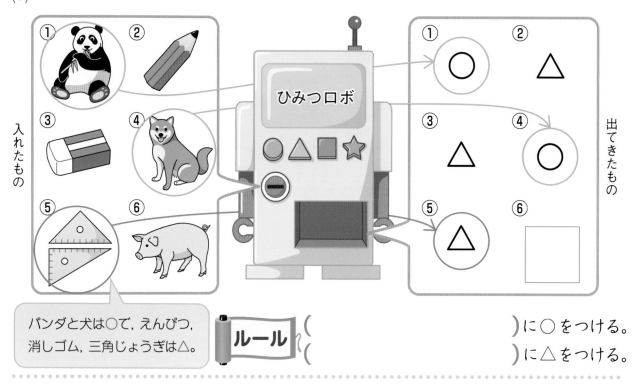

パンダと犬は○で，えんぴつ，消しゴム，三角じょうぎは△。

ルール（　　　）に ○ をつける。
（　　　）に △ をつける。

(2)

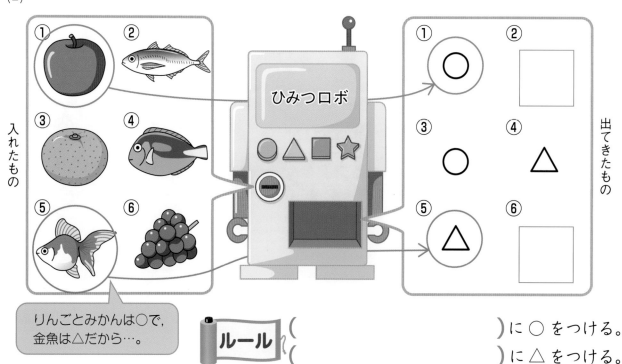

りんごとみかんは○で，金魚は△だから…。

ルール（　　　）に ○ をつける。
（　　　）に △ をつける。

(3)

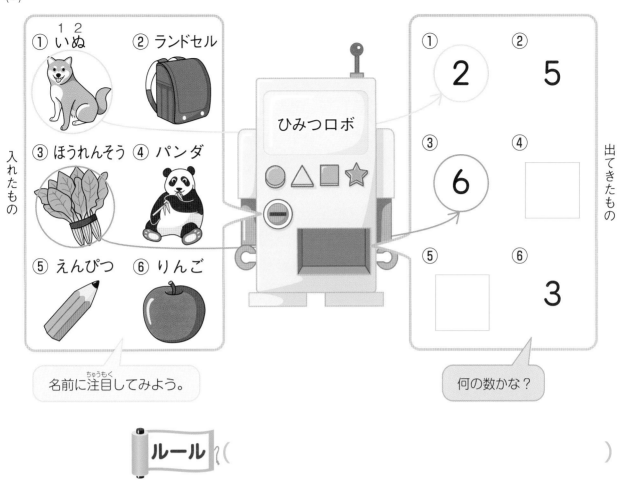

入れたもの

① いぬ
1 2

② ランドセル

③ ほうれんそう

④ パンダ

⑤ えんぴつ

⑥ りんご

ひみつロボ

○ △ □ ☆

名前に注目してみよう。

出てきたもの

① 2

② 5

③ 6

④ □

⑤ □

⑥ 3

何の数かな？

ルール （　　　　　　　　　　）

(4)

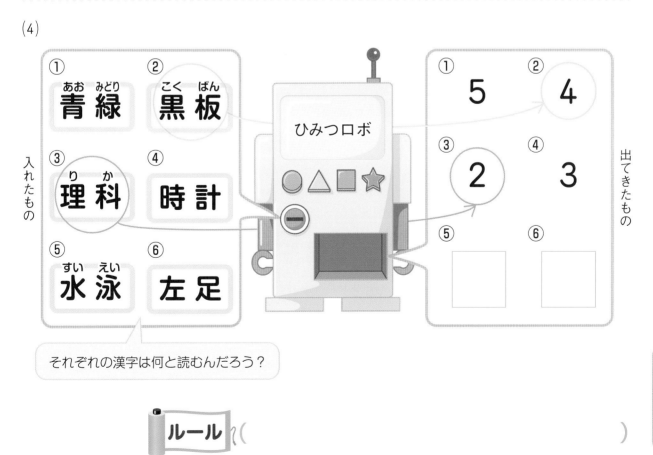

入れたもの

① 青緑
あお みどり

② 黒板
こく ばん

③ 理科
り か

④ 時計

⑤ 水泳
すい えい

⑥ 左足

ひみつロボ

○ △ □ ☆

それぞれの漢字は何と読むんだろう？

出てきたもの

① 5

② 4

③ 2

④ 3

⑤ □

⑥ □

ルール （　　　　　　　　　　）

練習のワーク

答え 21ページ

1 ひみつロボに入れたものと出てきたものを見てルールを見つけ，□にあてはまる数字を書きましょう。また，ひみつロボが使ったルールを（　　）に書きましょう。

(1)

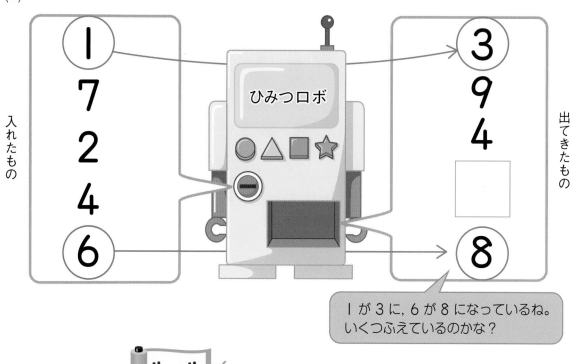

入れたもの

1
7
2
4
6

ひみつロボ

出てきたもの

3
9
4
□
8

1が3に，6が8になっているね。
いくつふえているのかな？

ルール（　　　　　　　　　　　　　　　　　　　　　　）

(2)

入れたもの

4
9
5
6
7

ひみつロボ

出てきたもの

1
6
□
3
4

ルール（　　　　　　　　　　　　　　　　　　　　　　）

② 2台のひみつロボに入れたものと出てきたものを見てルールを見つけ，□にあてはまる数字を書きましょう。また，それぞれのひみつロボが使ったルールを（　）に書きましょう。

(1)

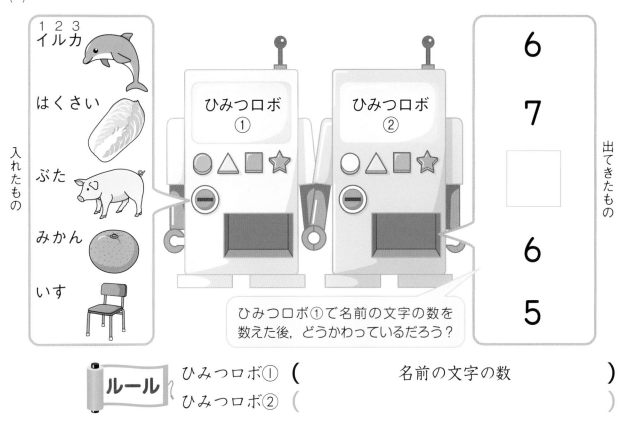

入れたもの
1 2 3
イルカ
はくさい
ぶた
みかん
いす

ひみつロボ①　○△□☆

ひみつロボ②　○△□☆

ひみつロボ①で名前の文字の数を数えた後，どうかわっているだろう？

出てきたもの
6
7
□
6
5

ルール　ひみつロボ①（　　　　名前の文字の数　　　　）
　　　　ひみつロボ②（　　　　　　　　　　　　　　　　）

(2)

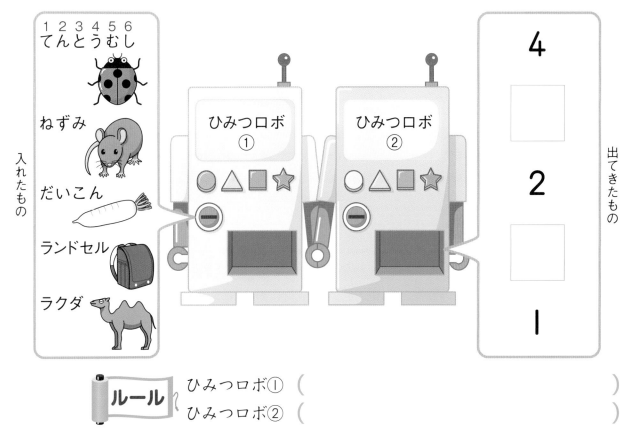

入れたもの
1 2 3 4 5 6
てんとうむし
ねずみ
だいこん
ランドセル
ラクダ

ひみつロボ①　○△□☆

ひみつロボ②　○△□☆

出てきたもの
4
□
2
□
1

ルール　ひみつロボ①（　　　　　　　　　　　　　　　　）
　　　　ひみつロボ②（　　　　　　　　　　　　　　　　）

　次のページからは，実力判定テストだって！

プログラミング的思考の

実力判定テスト

答え 21ページ

1 最終章　2台のひみつロボに入れたものと出てきたものを見てルールを見つけ, □にあてはまる文字を書きましょう。また, それぞれのひみつロボが使ったルールを（　　）に書きましょう。

1つ4〔20点〕

(1)

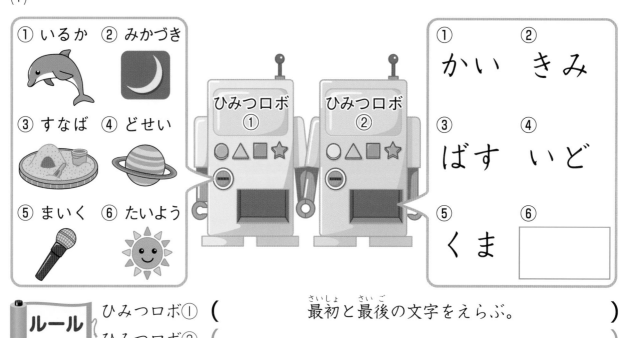

① いるか　② みかづき
③ すなば　④ どせい
⑤ まいく　⑥ たいよう

① かい　② きみ
③ ばす　④ いど
⑤ くま　⑥ □

ルール　ひみつロボ①（　　　　　　　　　　　　　　　　　　　　　　）
　　　　ひみつロボ②（　最初と最後の文字をえらぶ。　　　　　　　　　）

(2)

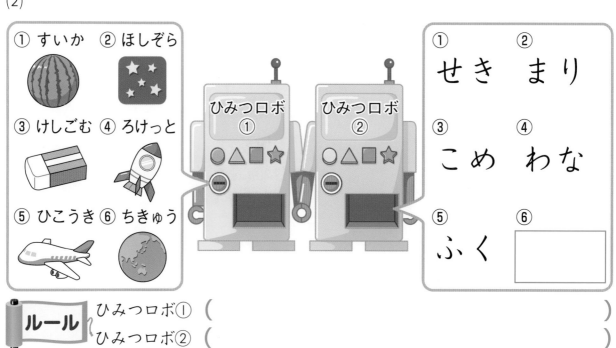

① すいか　② ほしぞら
③ けしごむ　④ ろけっと
⑤ ひこうき　⑥ ちきゅう

① せき　② まり
③ こめ　④ わな
⑤ ふく　⑥ □

ルール　ひみつロボ①（　　　　　　　　　　　　　　　　　　　　　　）
　　　　ひみつロボ②（　　　　　　　　　　　　　　　　　　　　　　）

2 児童館の章　■の条件にあてはまる漢字をすべてえらんで，○をつけましょう。

(1)

1つ10〔20点〕

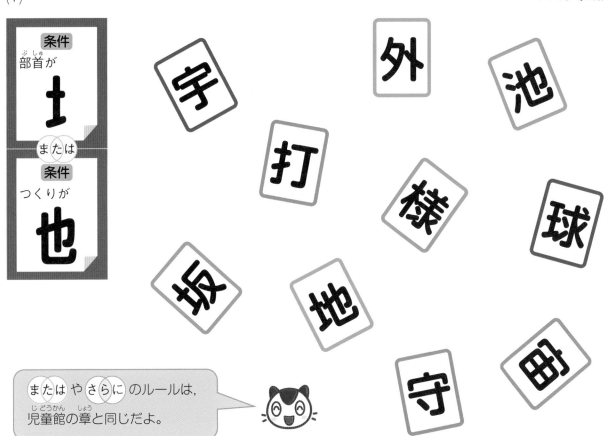

(2)

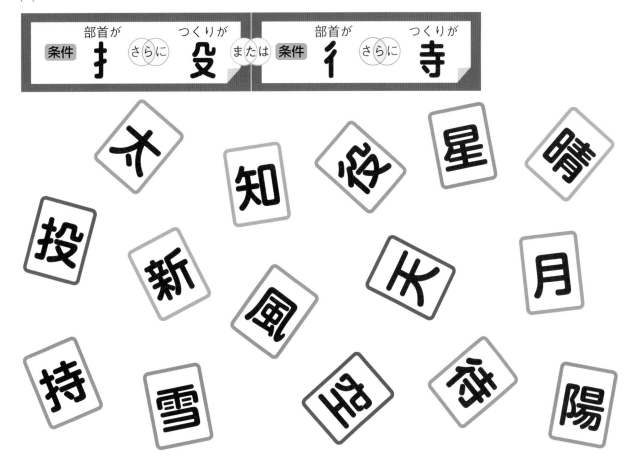

最終章

❸ すなはまの章 太陽を通ってからロケットまで進む近道を考えます。□の中の矢印のうち，進む方向にあてはまるものをなぞりましょう。ただし，すべての□を使うとはかぎりません。また，星のマスは通れません。

1つ10〔20点〕

(1)

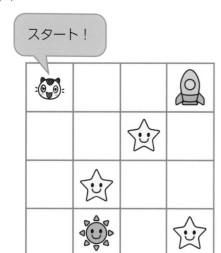

(2)別

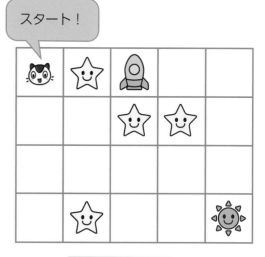

たくさんの進み方があるよ。
どれか1つを書けばオーケー。

(1)

① 　⑦

② 　⑧

③ 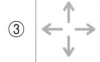　⑨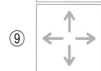

④ 　⑩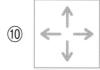

⑤ 　⑪

⑥ 　⑫

① 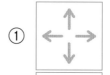　⑧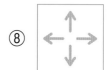

② 　⑨

③ 　⑩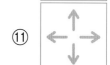

④ 　⑪

⑤ 　⑫

⑥ 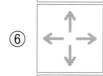　⑬

⑦ 　⑭

4 小学校の章・すなはまの章　次の( )は，図がかかれているマスの位置を表していて，左の数字は左から何列目かを，右の数字は上から何行目かを表しています。太陽を通ってロケットまで進む近道を考えるとき，□の中の矢印のうち，進む方向にあてはまるものをなぞりましょう。ただし，星のマスは通れません。

〔10点〕

スタート！

	1	2	3	4	5
1	😺				
2					
3					
4					
5					

🚀 (5 , 5)

🌞 (3 , 2)

⭐ (1 , 2)

⭐ (3 , 1)

⭐ (3 , 4)

⭐ (4 , 2)

⭐ (5 , 4)

ロケット，太陽，星があるマスはどこかな？
マスの中に書きこんで考えてみよう。

① ② ③ ④ ⑤ ⑥ ⑦ ⑧

( )の中の数字をいろいろとかえて，自分で問題を作ってみても楽しいよ。

⑤ 小学校の章・空港の章　次のマスには列と行のそれぞれに番号がついていて、解読表になっています。暗号は、文字が書かれたマスの位置で表されていて、（　　）と列番号、行番号を使って書きます。ただし、列番号は（　　）の中の左に、行番号は右に書きます。この解読表を使って、あとの問いに答えましょう。

1つ10〔30点〕

解読表

	11	12	13	14	15	16	17	18	19	20(列)
11	あ	い	う	え	お					
12	か	き	く	け	こ	が	ぎ	ぐ	げ	ご
13	さ	し	す	せ	そ	ざ	じ	ず	ぜ	ぞ
14	た	ち	つ	て	と	だ	ぢ	づ	で	ど
15	な	に	ぬ	ね	の		っ			
16	は	ひ	ふ	へ	ほ	ば	び	ぶ	べ	ぼ
17	ま	み	む	め	も	ぱ	ぴ	ぷ	ぺ	ぽ
18	や		ゆ		よ	ゃ		ゅ		よ
19	ら	り	る	れ	ろ					
20(行)	わ		を		ん					

例　「ほし」を暗号にすると、「(15, 16) (12, 13)」

(15, 16) (12, 13) です。いろいろな言葉を暗号にしてみてね。

(1) 左の解読表を使って，暗号を解読しましょう。

①

暗号

$$(13, 11)(12, 14)(18, 18)(13, 11)(17, 13)(15, 20)$$

暗号が表す字

②

暗号

$$(20, 14)(14, 13)(12, 11)(11, 16)(18, 15)(14, 12)(15, 20)$$

暗号が表す字

(2) 左の解読表を使って，次の字を表す暗号を作りましょう。

暗号にする字

ち	き	ゅ	う

暗号

$$(\quad,\quad)(\quad,\quad)(\quad,\quad)(\quad,\quad)$$

たからさがしを終えて

もっと学びたいみんなのために

キュリオたちのミッションはどうだった？
このサイトでは，「もっと学びたい」みんなをおうえんしているよ。アクセスしてみてね。
https://portal.bunri.jp/kyokashowork/es/programming/appendix.html

教科書ワーク
答えとてびき

「答えとてびき」は、とりはずすことができます。

プログラミング的思考（てき）

おうちの方へ

✿考え方のアドバイス

　プログラミングでは、答えをみちびく方法が一通りに限られることはまずありません。この教科書ワークでも、お子さまがどのようなやり方で解いても、最終的に答えが合っていれば問題はありません。もちろん、てびきで紹介しているやり方以外でもかまいません。そのようなときは、むしろ、新しい方法を考え出す力（独創性）を、ぜひほめてあげてください。

✿「別解」について

　一部の章には、複数の答えがある問題が出題されています。別 が目印です。「答えとてびき」にすべて載せていますので、いずれかの答えと同じであれば正解としてください。実際のプログラミングでは、多くの場合「よりよいやり方」が求められますが、その正解はひとつとは限りません。普段の教科の勉強とはやや勝手が違うところですが、「答えが幾通りもある」ことを、むしろ、楽しんでいただければと思います。

きほんのワーク❶

1 りんごを箱に入れます。箱の中のりんごの数は何こですか。□に書きましょう。

(1)

箱の中は
からっぽ。

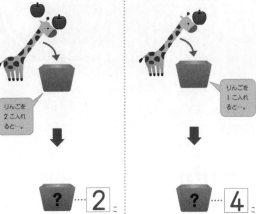
りんごを
2こ入れ
ると…。

? …… **2** こ

(2)
箱の中に
もともと
りんごが
3こ。

りんごを
1こ入れ
ると…。

? …… **4** こ

2 りんごを箱に入れます。箱の中のりんごの数は何こですか。□に書きましょう。

(1)
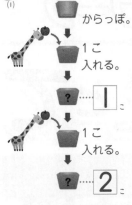
からっぽ。
↓
1こ
入れる。
↓
? …… **1** こ
↓
1こ
入れる。
↓
? …… **2** こ

(2)
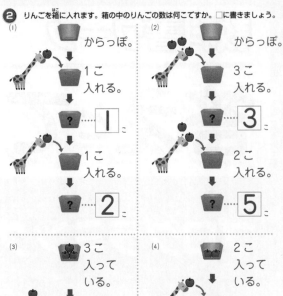
からっぽ。
↓
3こ
入れる。
↓
? …… **3** こ
↓
2こ
入れる。
↓
? …… **5** こ

(3)
3こ
入って
いる。
↓
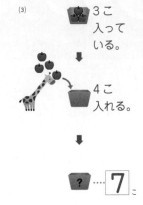
4こ
入れる。
↓
? …… **7** こ

(4)
2こ
入って
いる。
↓
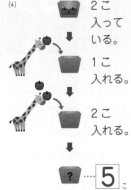
1こ
入れる。
↓
2こ
入れる。
↓
? …… **5** こ

きほんのワーク❷

1 りんごを箱から出します。箱の中のりんごの数は何こですか。□に書きましょう。

(1)

箱の中にもと
もとりんごが
2こ。

2こ
入っている。
↓

ぞうが1こ出
すと、のこり
は…。
↓
1こ出す。
↓
? …… **1** こ

(2)

もともとのり
んごは何こ？

5こ
入っている。
↓
ぞうが出した
のは何こ？
↓

3こ
出す。
↓
のこりのりん
ごは何こ？
↓
? …… **2** こ

2 りんごを箱から出します。箱の中のりんごの数は何こですか。□に書きましょう。

(1)

4こ
入っている。
↓
3こ
出す。
↓
? …… **1** こ

(2)
3こ
入っている。
↓
1こ
出す。
↓
? …… **2** こ
↓
1こ
出す。
↓
? …… **1** こ

(3)
5こ
入っている。
↓
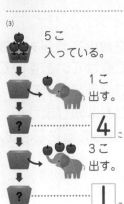
1こ
出す。
↓
? …… **4** こ
↓
3こ
出す。
↓
? …… **1** こ

(4)
4こ
入っている。
↓

1こ
出す。
↓
2こ
出す。
↓
? …… **1** こ

練習のワーク

1 ボールを箱に入れたり，箱から出したりします。箱の中のボールの数は何こですか。□に書きましょう。

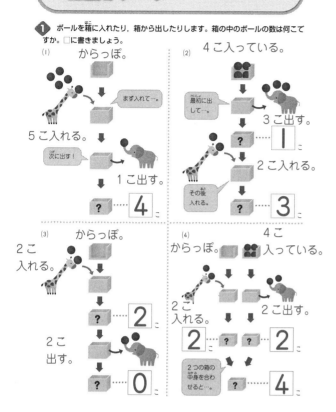

(1) からっぽ。
まず入れて…。
5こ入れる。
次に出す！
1こ出す。
? …… 4 こ

(2) 4こ入っている。
最初に出して…。
3こ出す。 1 こ
? 2こ入れる。
その後入れる。
? …… 3 こ

(3) からっぽ。
2こ入れる。
? …… 2 こ
2こ出す。
? …… 0 こ

(4) からっぽ。 4こ入っている。
2こ入れる。 2こ出す。
2 こ ? ? 2 こ
2つの箱の中身を合わせると…。
? …… 4 こ

2 ボールを箱に入れたり，箱から出したりします。箱に書かれた数字は，中に入っているボールの数を表しています。ボールを出すときは →，入れるときは ← をなぞりましょう。

(1) 最初はからっぽ。
← →
3 3こになったということは…。
← →
1 1こになったということは…。

(2)
← →
2 2こになった。
← →
4 4こになった。

(3) 1こ入っている。
← →
4こ入れて，5こに。
← →
3
3こになった。

(4) 5こ入っている。
← →
→ ● 1こ出す。
← →
3 3こになった。

1 ボールを箱に入れたり，箱から出したりします。□の数字がまちがっているときは，×をつけて，正しい数字を答えましょう。

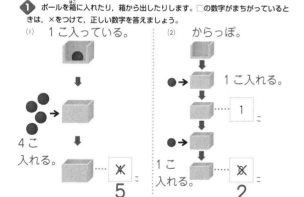

(1) 1こ入っている。
● →
4こ入れる。
✕ 5 こ

(2) からっぽ。
● → 1こ入れる。
1 こ
● → 1こ入れる。
✕ 2 こ

2 箱に書かれた数字は，中に入っているボールの数を表しています。ボールを入れる（←），出す（→）の矢印がまちがっているときは，×をつけて，正しい矢印をなぞりましょう。

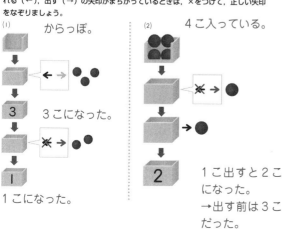

(1) からっぽ。
← ●●●
3 3こになった。
✕ → ● ●
1 1こになった。

(2) 4こ入っている。
✕ → ●
● → ●
2
1こ出すと2こになった。
→出す前は3こだった。

まとめのテスト

1 箱に書かれた数字は中に入っているボールの数を，カードに書かれた数字は出し入れするボールの数を表しています。それぞれの箱の中のボールの数を□に書きましょう。

(1) 1こ入っている。
1
1 → 1こ入れる。
2 → 2こ入れる。
? …… 4

(2) 4こ入っている。
4
1 ← 1こ出す。
2 ← 2こ出す。
? …… 1

(3) 4こ。
4
3 ← 3こ出す。
4 → 4こ入れる。
? …… 5

(4)
1こ。 3こ。

2 → 1 ←
3こに。 2こに。
? …… 5

きほんのワーク❶ その1

❶ シーソーにドーナツをのせました。シーソーは重いほうにかたむきます。かたむくほうの□に○を書きましょう。

1こよりも2このほうが重いので，右にかたむく。

❷ 次の記号（＞，＝，＜）を使って，あとの問いに答えましょう。

ルール

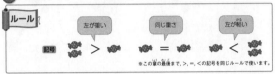

| 左が重い | 同じ重さ | 左が軽い |

記号　＞　＝　＜

※この章の最後まで，＞，＝，＜の記号を同じルールで使います。

(1) 重いのは，左と右のどちらですか。□にあてはまる記号を書きましょう。

① ＝

左は4こ，右も4こだから…。

同じ重さなので，記号は＝。

② ＜

左が軽いので，記号は＜。

(2) 記号がなり立つように，□にあてはまるおかしのシールをはりましょう。

①

左が軽いということは，右は2こよりも多い？少ない？

 ＜

2こより重いので，3このシールをはる。

②

 ＞

5こより軽いので，4このシールをはる。

③

 ＝

3こと同じ重さなので，3このシールをはる。

④

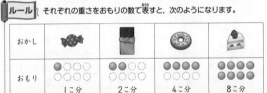 ＜

4こより軽いので，2このシールをはる。

きほんのワーク❶ その2

❶ おかしの重さの合計が重いのは，左と右のどちらですか。□にあてはまる記号（＞，＝，＜）を書きましょう。ただし，次のルールにしたがいましょう。

ルール　それぞれの重さをおもりの数で表すと，次のようになります。

おかし	🍬	🍫	🍩	🍰
おもり	●○○○	●●○○	●●●●	●●●● ●●●●
	1こ分	2こ分	4こ分	8こ分

(1) ＞

左はおもり4こ分，右の合計はおもり2こ分なので，左のほうが重い。

おもり1こ分の重さのあめが2こだから，右は全部でおもり2こ分の重さだよ。

(2) 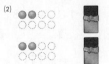 ＝

左の合計はおもり4こ分，右はおもり4こ分なので，同じ重さ。

(3)   ＜

左はおもり8こ分，右の合計はおもり12こ分なので，左のほうが軽い。

きほんのワーク❷

1 記号がなり立つように，□にあてはまるおかしのシールをはりましょう。ただし，同じシールは1回しか使えません。

ルール	おかしに書いてある数字は，それぞれの重さをおもりの数で表したものです。			
おかし	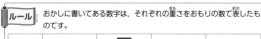			
おもり				

(1)

同じシールは1回しか使えないよ。シールをはる前に，考えをメモしよう。

(2)

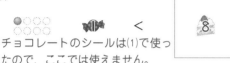

チョコレートのシールは(1)で使ったので，ここでは使えません。

(3)

ドーナツ（おもり4こ分）より軽いのは，あめ（おもり1こ分）。

2 おかしに書いてある数字は，それぞれの重さをおもりの数で表したものです。おかしの重さの合計が重いのは，左と右のどちらですか。□にあてはまる記号（＞，＝，＜）を書きましょう。

(1)

左はドーナツ（重さ4）が2つだから，全体の重さは…。

右はチョコレート（重さ2）が3つだから，全体の重さは…。

左の合計はおもり8こ分，右の合計は6こ分なので，左のほうが重い。

(2)

ケーキ（重さ8）が2つだから…。

全体の重さをメモしてから，あてはまる記号を考えよう。

左の合計はおもり16こ分，右の合計は12こ分なので，左のほうが重い。

(3)

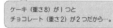

ケーキ（重さ8）が1つとチョコレート（重さ2）が2つだから…。

ドーナツ（重さ4）が3つとあめ（重さ1）が1つだから…。

左の合計はおもり12こ分，右の合計は13こ分なので，左のほうが軽い。

練習のワーク

1 シーソーにおもりを乗せました。シーソーは重いほうにかたむきます。かたむくほうの□に○を書きましょう。ただし，どの色のおもりも重さは同じです。

(1)

左は2，右は4

左右のおもりの数を書いてからくらべよう。

(2)

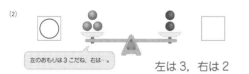

左のおもりは3こだね，右は…。

左は3，右は2

2 おもりの重さの合計が重いのは，左と右のどちらですか。□にあてはまる記号（＞，＝，＜）を書きましょう。ただし，どの色のおもりも重さは同じです。

(1)

左のおもりの数は…。

左は5，右は5

右のおもりの数は…。

(2)

左は4，右は3

3 シーソーにカードを乗せました。このシーソーは，カードに書かれた数の合計が大きいほうにかたむきます。かたむくほうの□に○を書きましょう。

(1)

(2)

左の数の合計をメモしておくと，後でくらべやすいね。

左の合計は6，右は8

4 カードに書かれた数の合計が大きいのは，左と右のどちらですか。□にあてはまる記号（＞，＝，＜）を書きましょう。

(1)

2 2 ＜ 8

2と2だから，合計は…。

左の合計は4，右は8

(2)

4 ＝ 2 1 1

左は4，右の合計は4

2と1と1だから，合計は…。

(3)

8 1 ＞ 1 2 4

左の合計は9，右の合計は7

❶ カードに書かれた数の合計が大きいのは，左と右のどちらですか。□の記号（＞，＝，＜）がまちがっているときは，×をつけて，正しい記号を答えましょう。

(1)

2
1　　×　　4
　　＜

左の合計は 3，右は 4

(2)

2
4　　＝　　8
2

左の合計は 8，右は 8

(3)

4
2　　＜　　8
1　　　　　2

左の合計は 7，右の合計は 10

(4)

4
1　　×　　2
1　　＝　　4

左の合計は 6，右の合計は 6

(5)

8　　×　　2
　　＞　　1
　　　　　2

左は 8，右の合計は 7

(6)

1　　×　　2
4　　＞　　1
　　　　　1

左の合計は 5，右の合計は 4

まとめのテスト

てきた数
／8問中

❶ 数が大きいのは，左と右のどちらですか。□にあてはまる記号（＞，＝，＜）を書きましょう。

(1)　1　＜　2

(2)　8　＞　4

(3)　9　＞　6

(4)　3　＜　7

❷ 数の合計が大きいのは，左と右のどちらですか。□にあてはまる記号（＞，＝，＜）を書きましょう。

(1)

5
3　　＞　　2
　　　　　4

左の合計は 8，右の合計は 6

(2)

6
2　　＜　　1
　　　　　8

左の合計は 8，右の合計は 9

(3)

7
1　　＝　　6
1　　　　　3

左の合計は 9，右の合計は 9

(4)

1
5　　＞　　2
3　　　　　4

左の合計は 9，右の合計は 7

きほんのワーク❶ その1

❶ 次のように，おもちゃをトンネルの左から順に入れて，右から順にとり出します。トンネルから出てくるおもちゃは何ですか。□にシールをはりましょう。

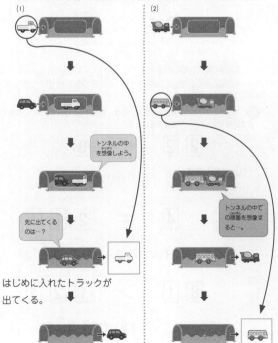

(1)
トンネルの中を想像しよう。
先に出てくるのは…？
はじめに入れたトラックが出てくる。

(2)
トンネルの中での順番を想像すると…。
ミキサー車の次に入れたバスが出てくる。

きほんのワーク❶ その2

❶ 次のように，ぬいぐるみをおもちゃ箱の上から順に入れて，上から順にとり出します。おもちゃ箱から最初に出てくるぬいぐるみは何ですか。□にシールをはりましょう。

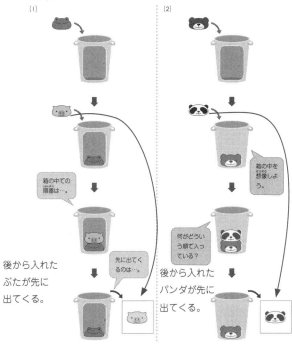

(1)

後から入れたぶたが先に出てくる。

(2)

後から入れたパンダが先に出てくる。

❷ 次のように，ぬいぐるみをおもちゃ箱の上から順に入れて，上から順にとり出します。おもちゃ箱から出てくるぬいぐるみは何ですか。□にシールをはりましょう。

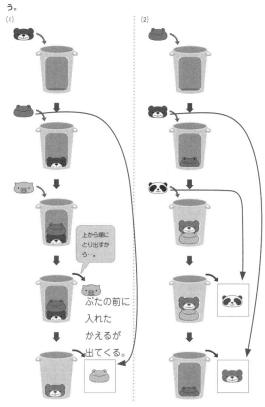

(1)

ぶたの前に入れたかえるが出てくる。

(2)

きほんのワーク❷

❶ 次のように，おもちゃをトンネルの左から順に入れて，右から順にとり出します。□にあてはまるおもちゃのシールをはりましょう。

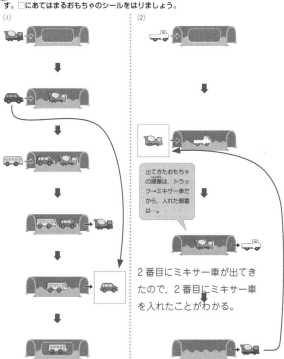

(1)

(2)

出てきたおもちゃの順番は，トラック→ミキサー車だから，入れた順番は…。

2番目にミキサー車が出てきたので，2番目にミキサー車を入れたことがわかる。

❷ 次のように，ぬいぐるみをおもちゃ箱の上から順に入れて，上から順にとり出します。□にあてはまるぬいぐるみのシールをはりましょう。

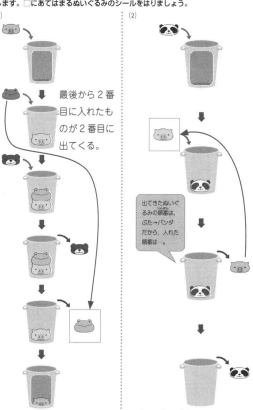

(1)

最後から2番目に入れたものが2番目に出てくる。

(2)

出てきたぬいぐるみの順番は，ぶた→パンダだから，入れた順番は…。

最初にぶたが出てきたので，最後にぶたを入れたことがわかる。

練習のワーク

1 ▨はトンネル，▨はおもちゃ箱を表しています。何も入っていない▨や▨に，おもちゃを入れてから出しました。□にあてはまるおもちゃのシールをはりましょう。

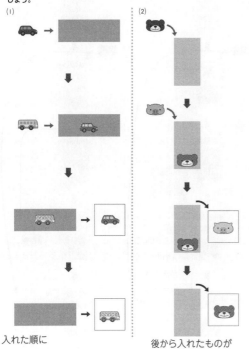

(1)

入れた順に出てくる。

(2)

後から入れたものが先に出てくる。

2 ▨はトンネル，▨はおもちゃ箱を表しています。何も入っていない▨や▨に，ボールを入れてから出しました。□にあてはまるボールの色名（赤，青，黄，緑）を書きましょう。

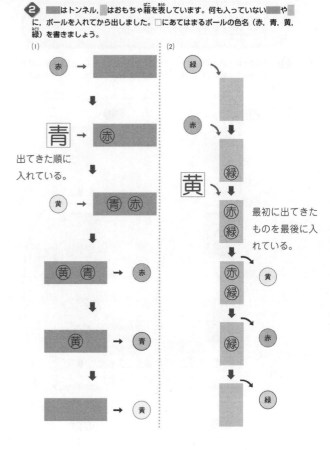

(1)

出てきた順に入れている。

(2)

最初に出てきたものを最後に入れている。

1 ▨はトンネル，▨はおもちゃ箱を表しています。何も入っていない▨や▨に，ボールを入れてから出しました。□のボールの色がまちがっているときは，×をつけて，正しい色名（赤，青，黄，緑）を答えましょう。

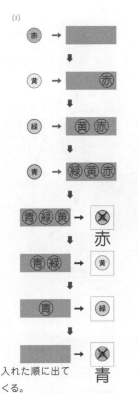

(1)

入れた順に出てくる。

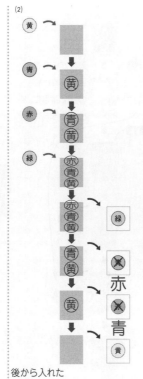

(2)

後から入れたものが先に出てくる。

まとめのテスト

できた数　/4問中

1 ▨にボールを入れてから出しました。▨は「トンネル」と「おもちゃ箱」のどちらですか。トンネルの場合はア，おもちゃ箱の場合はイを（　）に書きましょう。

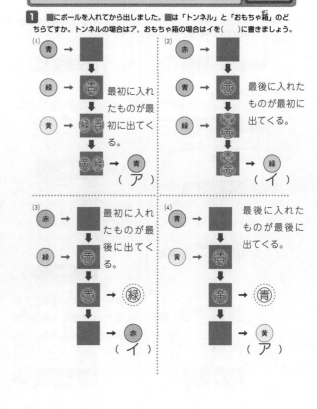

(1) 最初に入れたものが最初に出てくる。（ ア ）

(2) 最後に入れたものが最初に出てくる。（ イ ）

(3) 最初に入れたものが最後に出てくる。（ イ ）

(4) 最後に入れたものが最後に出てくる。（ ア ）

きほんのワーク❶

1 次の（　）は，くつ箱にあるくつの場所を表しています。左の数字は左から何列目かを，右の数字は上から何段目かを表しています。数字が表すくつの場所に○をつけましょう。

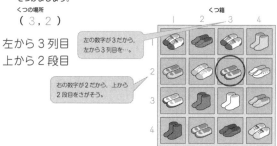

くつの場所
（ 3 , 2 ）

左から 3 列目
上から 2 段目

左の数字が 3 だから，左から 3 列目を…。

右の数字が 2 だから，上から 2 段目をさがそう。

2 次のくつ箱には，列と段のそれぞれに番号がついています。○がついているくつの場所を（　）に数字で表しましょう。列の番号は左に，段の番号は右に書きましょう。

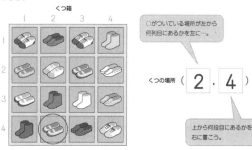

○がついている場所が左から何列目にあるかを左に…。

くつの場所　（ 2 , 4 ）

上から何段目にあるかを右に書こう。

左から 2 列目
上から 4 段目

3 次の（　）は，くつ箱にあるくつの場所を表しています。左の数字は左から何列目かを，右の数字は上から何段目かを表しています。数字が表すくつの場所に○をつけましょう。

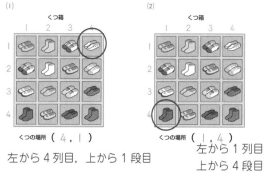

(1)　くつの場所 （ 4 , 1 ）

左から 4 列目，上から 1 段目

(2)　くつの場所 （ 1 , 4 ）

左から 1 列目
上から 4 段目

4 次のくつ箱には，列と段のそれぞれに番号がついています。○がついているくつの場所を（　）に数字で表しましょう。列の番号は左に，段の番号は右に書きましょう。

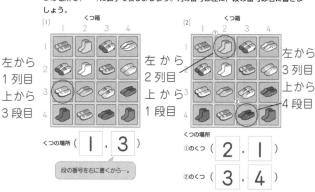

(1)
左から
1 列目
上から
3 段目

くつの場所 （ 1 , 3 ）

段の番号を右に書くから…。

(2)
左から
2 列目
上から
1 段目

左から
3 列目
上から
4 段目

①のくつ （ 2 , 1 ）

②のくつ （ 3 , 4 ）

きほんのワーク❷

1 次の（　）は，くつ箱にあるくつの場所を表しています。左の数字は左から何列目かを，右の数字は上から何段目かを表しています。数字が表している場所に，（　）の左にあるくつと同じくつのシールをはりましょう。

(1)

くつの場所
（ 2 , 1 ）
（ 1 , 3 ）
（ 4 , 2 ）

❶ 左の数字は列の番号だから…。

❷ 右の数字は段の番号だから…。

(2)
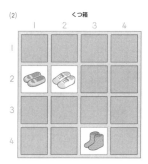

くつの場所
（ 2 , 2 ）
（ 3 , 4 ）
（ 1 , 2 ）

（　）の中の左側の数字は左から何列目かを，右側の数字は上から何段目かを表している。

2 次のくつ箱には，列と段のそれぞれに番号がついています。（　）の左にあるくつの場所を，（　）に数字で表しましょう。列の番号は左に，段の番号は右に書きましょう。

(1)
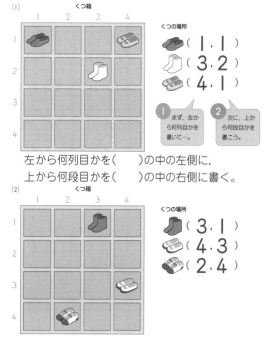

くつの場所
（ 1 , 1 ）
（ 3 , 2 ）
（ 4 , 1 ）

❶ まず，左から何列目かを書いて…。

❷ 次に，上から何段目かを書こう。

左から何列目かを（　）の中の左側に，
上から何段目かを（　）の中の右側に書く。

(2)
くつの場所
（ 3 , 1 ）
（ 4 , 3 ）
（ 2 , 4 ）

練習のワーク

① 次のマスには，列と行のそれぞれに番号がついています。また，（　）は，マスの中の○，△，□の位置を表しています。マスの中の正しい位置に○，△，□の記号を書きましょう。

(1)
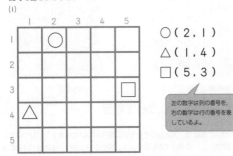

○（2，1）
△（1，4）
□（5，3）

> 左の数字は列の番号を，右の数字は行の番号を表しているよ。

(2)
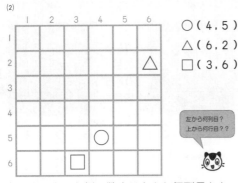

○（4，5）
△（6，2）
□（3，6）

> 左から何列目？上から何行目？？

（　）の中の左側の数字は左から何列目かを，右側の数字は上から何行目かを表している。

② 次のマスには，列と行のそれぞれに番号がついています。記号（○，△，□）の位置を，（　）に数字で表しましょう。

(1)
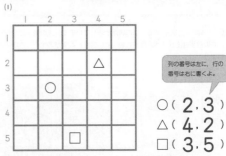

○（2，3）
△（4，2）
□（3，5）

> 列の番号は左に，行の番号は右に書くよ。

左から何列目かを（　）の中の左側に，
上から何行目かを（　）の中の右側に書く。

(2)
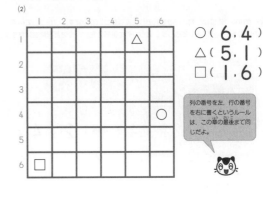

○（6，4）
△（5，1）
□（1，6）

> 列の番号を左，行の番号を右に書くというルールは，この章の最後まで同じだよ。

---

① 次のマスには，列と行のそれぞれに番号がついています。また，（　）はマスの中の記号の位置を表しています。（　）の数字がまちがっているときは，×をつけて，正しい数字を答えましょう。

(1)
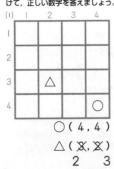

○（4，4）
△（⊠，⊠）
　　2　　3

(2)
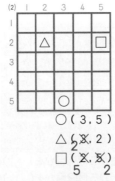

○（3，5）
△（⊠，2）
　　　2
□（⊠，⊠）
　　5　　2

② 次のマスには，列と行のそれぞれに番号がついています。また，（　）はマスの中の記号の位置を表しています。記号の位置がまちがっているときは，×をつけて，正しい位置に記号を書きましょう。

(1)
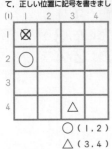

○（1，2）
△（3，4）

列と行を反対にしないように，気をつけよう。

(2)
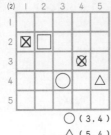

○（3，4）
△（5，4）
□（2，2）

まとめのテスト

できた数　／2問中

1 次のマスには，列と行のそれぞれに番号がついていて，右の（　）はマスの位置を表しています。右の（　）が表すマスを，すべてぬりつぶしましょう。

(1)

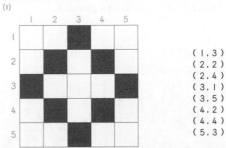

（1，3）
（2，2）
（2，4）
（3，1）
（3，5）
（4，2）
（4，4）
（5，3）

(2)
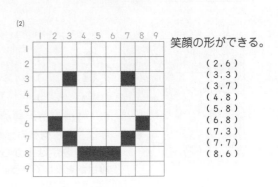

笑顔の形ができる。

（2，6）
（3，3）
（3，7）
（4，8）
（5，8）
（6，8）
（7，3）
（7，7）
（8，6）

きほんのワーク❶

次の解読表を使って，あとの問いに答えましょう。

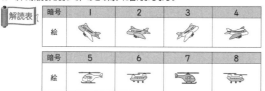

暗号	1	2	3	4
絵	✈	✈	✈	✈

暗号	5	6	7	8
絵	🚁	🚁	🚁	🚁

❶ 上の解読表を使って暗号を解読し，暗号が表す絵のシールを□にはりましょう。

(1)

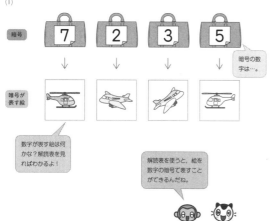

暗号　7　2　3　5

暗号の数字は…。

暗号が表す絵

数字が表す絵は何かな？解読表を見ればわかるよ！

解読表を使うと，絵を数字の暗号で表すことができるんだね。

(2)

暗号　1　8　6　4

解読表の暗号「1」を見ると，表す絵は…。

解読表の「暗号」の数字にかかれている絵のシールをはる。

暗号が表す絵

❷ 左ページの解読表を使って，次の絵を表す暗号を作りましょう。

(1)

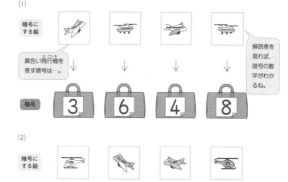

暗号にする絵

黄色い飛行機を表す暗号は…。

解読表を見れば，暗号の数字がわかるね。

暗号　3　6　4　8

(2)

暗号にする絵

暗号　5　1　2　7

解読表の絵につけられている「暗号」の数字を書く。

きほんのワーク❷

❶ 解読表を使って暗号を解読し，□に書きましょう。

(1)

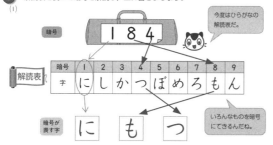

暗号　1　8　4

今度はひらがなの解読表だ。

暗号	1	2	3	4	5	6	7	8	9
字	に	し	か	つ	ぼ	め	ろ	も	ん

暗号が表す字　に　も　つ

いろんなものを暗号にできるんだね。

解読表の「暗号」の数字にある字を書く。

(2)

暗号　6　5　2　5

暗号	1	2	3	4	5
字	の	こ	ち	ふ	う
暗号	6	7	8	9	0
字	く	あ	お	だ	ら

暗号が表す字　く　う　こ　う

(3)

暗号　9　2　5　3

暗号	1	2	3	4	5
字	り	こ	き	な	う
暗号	6	7	8	9	0
字	え	さ	ま	ひ	が

暗号が表す字　ひ　こ　う　き

❷ 解読表を使って，次の字を表す暗号を作りましょう。

(1)

暗号にする字　カ　メ　ラ

解読表を使うと，カタカナも暗号にできるんだって。

暗号	1	2	3	4	5	6	7	8	9
字	ラ	ム	カ	ホ	ル	ナ	ヨ	メ	エ

暗号　3　8　1

解読表の字につけられている「暗号」の数字を書く。

(2)

暗号にする字　パ　イ　ロ　ッ　ト

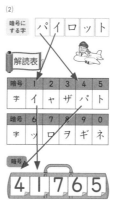

暗号	1	2	3	4	5
字	イ	ャ	ザ	パ	ト
暗号	6	7	8	9	0
字	ッ	ロ	ヲ	ギ	ネ

暗号　4　1　7　6　5

(3)

暗号にする字　パ　ス　ポ　ー　ト

暗号	1	2	3	4	5
字	ゾ	ー	ポ	パ	ト
暗号	6	7	8	9	0
字	ベ	リ	コ	ス	ウ

暗号　4　9　3　2　5

練習のワーク

※ 次の解読表を使って，あとの問いに答えましょう。

解読表					
暗号	11	12	13	14	15
字	あ	い	う	え	お
暗号	21	22	23	24	25
字	か	き	く	け	こ
暗号	31	32	33	34	35
字	さ	し	す	せ	そ
暗号	41	42	43	44	45
字	た	ち	つ	て	と
暗号	51	52	53	54	55
字	な	に	ぬ	ね	の
暗号	61	62	63	64	65
字	は	ひ	ふ	へ	ほ
暗号	71	72	73	74	75
字	ま	み	む	め	も
暗号	81	82	83	84	85
字	や	ゆ	よ	わ	ん
暗号	91	92	93	94	95
字	ら	り	る	れ	ろ

例 「きりん」を暗号にすると
「22 92 85」

22 92 85 です。

❶ 左の解読表を使って，暗号を解読しましょう。

(1)
暗号
31	12	21	12

暗号が表す字
さ	い	か	い

暗号が2けたの数字になっても，考え方は同じ。

(2)
暗号
23	75	55	13	14

暗号が表す字
く	も	の	う	え

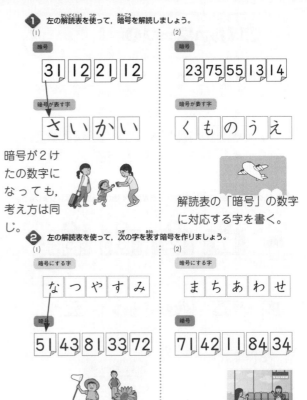

解読表の「暗号」の数字に対応する字を書く。

❷ 左の解読表を使って，次の字を表す暗号を作りましょう。

(1)
暗号にする字
な	つ	や	す	み

暗号
51	43	81	33	72

解読表の字に対応する「暗号」の数字を書く。

(2)
暗号にする字
ま	ち	あ	わ	せ

暗号
71	42	11	84	34

---

❶ 64ページの解読表を使って，暗号を解読しました。□の字がまちがっているときは，×をつけて，正しい字を答えましょう。

(1)
暗号
21	71	74	32

74 は「め」
暗号が表す字　32 は「し」
か	ま	✕	✕
		め	し

(2)
暗号
74	85	41	12	25

74 は「め」
暗号が表す字　85 は「ん」
✕	✕	た	い	こ
め	ん			

❷ 64ページの解読表を使って，次の字を表す暗号を作りました。□の数字がまちがっているときは，×をつけて，正しい数字を答えましょう。

(1)
暗号にする字
れ	い	め	ん

「れ」は94
「ん」は85
暗号
✕	12	74	✕
94			85

(2)
暗号にする字
か	き	ふ	ら	い

「き」は22
「ら」は91
暗号
21	✕	63	✕	12
	22		91	

まとめのテスト

できた数　/4問中

解読表							
暗号	11	12	13	14	15	16	17
字	A	B	C	D	E	F	G
暗号	18	19	20	21	22	23	24
字	H	I	J	K	L	M	N
暗号	25	26	27	28	29	30	31
字	O	P	Q	R	S	T	U
暗号	32	33	34	35	36		
字	V	W	X	Y	Z		

❶ 上の解読表を使って暗号を解読し，暗号が表す字のシールを□にはりましょう。

(1)
暗号
12	11	17

暗号が表す字
B	A	G

(2)
暗号
29	21	35

暗号が表す字
S	K	Y

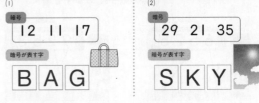

❷ 上の解読表を使って，次の字を表す暗号を作りましょう。

(1)
暗号にする字
S	E	A

暗号
29	15	11

(2)
暗号にする字
P	L	A	N	E

暗号
26	22	11	24	15

字がアルファベットになっても，考え方は同じ。

きほんのワーク❶ その1

❶ ■の条件にあてはまるつみ木をすべてえらんで，○をつけましょう。

(1)

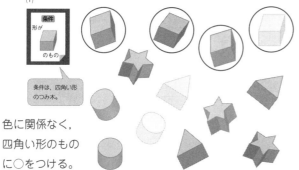

条件
形が
のもの

条件は，四角い形のつみ木。

色に関係なく，四角い形のものに○をつける。

(2)

条件
色が
青色
のもの

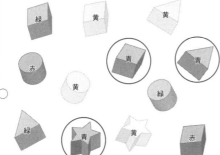

形に関係なく，青色のものに○をつける。

❷ ■の条件にあてはまるつみ木をすべてえらんで，○をつけましょう。

(1)

条件
色が
黄色
のもの
または
条件
色が
緑色
のもの

条件は，黄色か，緑色のつみ木。

だから形に関係なく，黄色と緑色のつみ木を…。

黄色のものと緑色のものに○をつける。

(2)

条件
色が
青色
のもの
または
条件
形が
のもの

条件は，青色か，三角の形のつみ木。

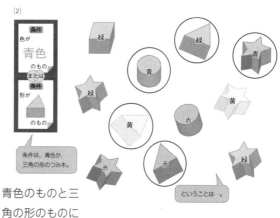

ということは…。

青色のものと三角の形のものに○をつける。

きほんのワーク❶ その2

❶ ■の条件にあてはまるつみ木をすべてえらんで，○をつけましょう。

(1)

条件
色が
赤色
のもの
さらに
条件
形が
のもの

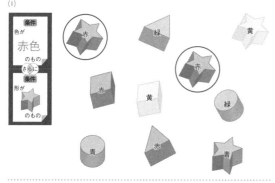

赤色で星の形のもの（2つの条件の両方にあてはまるもの）だけに○をつける。
赤色でも星の形ではないもの，星の形でも赤色ではないものには○をつけない。

(2)

条件
色が
青色
のもの
さらに
条件
形が
のもの

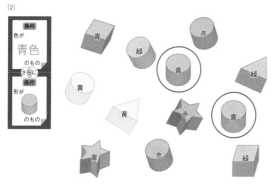

青色で丸い形のものだけに○をつける。

きほんのワーク②

1 ■の条件にあてはまるつみ木をすべてえらんで，○をつけましょう。

(1)

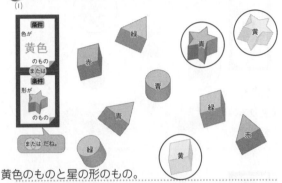

黄色のものと星の形のもの。

(2)

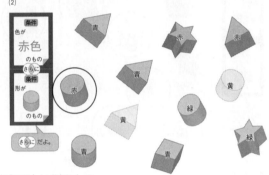

赤色で丸い形のもの。

2 ■の条件にあてはまるつみ木をすべてえらんで，○をつけましょう。

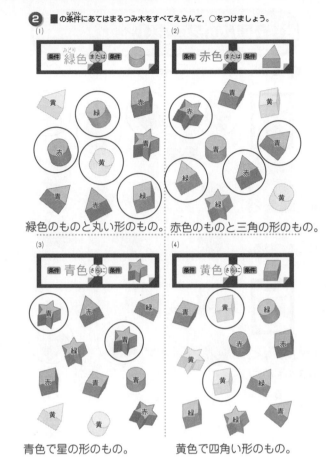

(1) 緑色のものと丸い形のもの。

(2) 赤色のものと三角の形のもの。

(3) 青色で星の形のもの。

(4) 黄色で四角い形のもの。

練習のワーク

1 ○のついた図だけがえらばれるための条件は何ですか。□にあてはまる番号を，①〜④からえらんで書きましょう。また，{　}の または と さらに の記号のうち，正しいほうに○をつけましょう。

(1) 黄色のものと四角い形のものに○がついている。

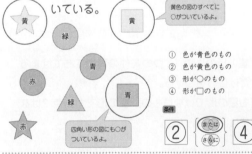

黄色の図のすべてに○がついているよ。

四角い形の図にも○がついているよ。

① 色が青色のもの
② 色が黄色のもの
③ 形が○のもの
④ 形が□のもの

条件　[2] { または／さらに } [4]

(2) 赤色で星の形のものだけに○がついている。

赤色で，星の形の図だけに○がついているよ。

① 色が赤色のもの
② 色が黄色のもの
③ 形が☆のもの
④ 形が△のもの

条件　[1] { または／さらに } [3]

2 ■の条件にあてはまるものをすべてえらんで，○をつけましょう。

(1) 条件　鳥 さらに 空をとぶ　　鳥で空をとぶもの。

(2) 条件　ひらがな または 数字　　ひらがなのものと数字のもの。

14

❶ ■ の条件にあてはまる図に○をつけました。あてはまらない図に○をつけている場合は×をつけましょう。また，あてはまるのに○をつけていない図には○をつけましょう。

黄色のものと△の形のもの。

条件 黄色 または △

❷ ○のついた図だけがえらばれるための条件を考えました。条件の番号や記号がまちがっているときは，×をつけて，正しい条件の番号や記号を答えましょう。

緑色のものと

□の形のものに

○がついている。

① 色が黄色のもの
② 色が緑色のもの
③ 形が□のもの
④ 形が△のもの

条件

② ×（または／さらに） ☒ ③

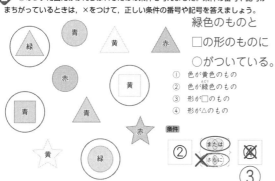

1 ■ の条件にあてはまるつみ木をすべてえらんで，○をつけましょう。

条件1 赤色 さらに □ または 条件2 青色 さらに 🛢

条件1（赤色で四角い形のもの）と
条件2（青色で丸い形のもの）。

きほんのワーク❶

囫❶ スイカまで進む近道を考えます。□の中の矢印のうち，進む方向にあてはまるものをなぞりましょう。そのあと，矢印の通りに進むとスイカに着くかどうか，指でなぞってたしかめましょう。

スタート！

スタートはここ。スイカまでの進み方の矢印を書いてみよう。どれが近道かな。

3回で行くのがいちばんの近道のようだね。

答えは1通りじゃないんだ。どの近道を見つけられたかな？どれか1つを見つけられたらオーケーだよ！

終わったら，指でなぞってかくにんしよう！

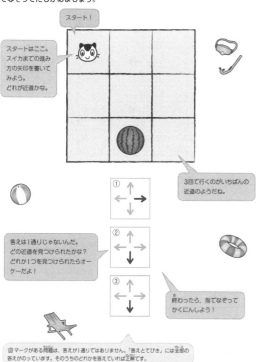

囫マークがある問題は，答えが1通りではありません。「答えとてびき」には全部の答えがのっています。そのうちのどれかを答えていれば正解です。

❶ **別解**

<1>　　　<2>

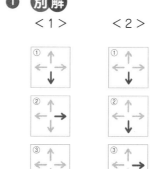

別解＜1＞＜2＞のように答えてもよい。

この章では，全部の矢印が合っていたら正解とします（完答）。

2 スイカまで進む近道を考えます。□の中の矢印のうち、進む方向にあてはまるものをなぞりましょう。そのあと、矢印の通りに進むとスイカに着くかどうか、指でなぞってたしかめましょう。

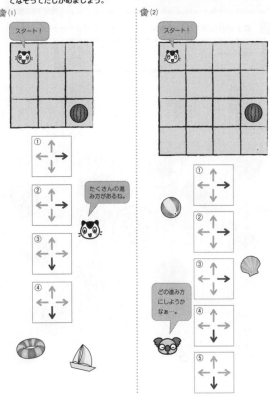

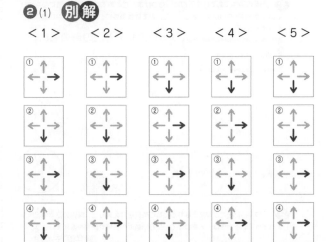

別解＜1＞～＜5＞のように答えてもよい。

2
(2) 別解

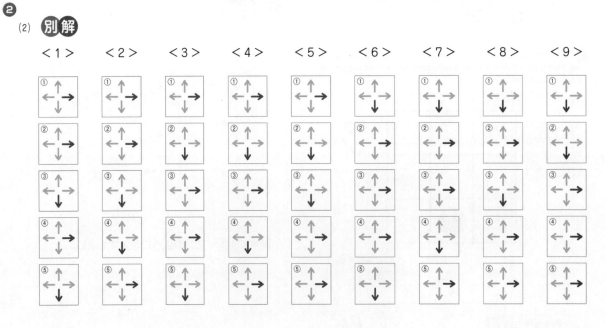

別解＜1＞～＜9＞のように答えてもよい。

実際に指でなぞってみてね。

きほんのワーク❷

1 スイカまで進む近道を考えます。□の中の矢印のうち，進む方向にあてはまるものをなぞりましょう。そのあと，矢印の通りに進むとスイカに着くかどうか，指でなぞってたしかめましょう。ただし，カニのいるマスは通れません。

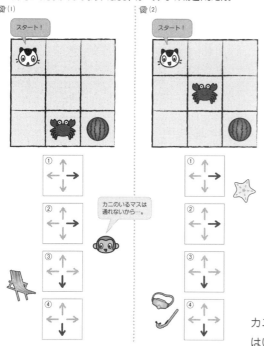

カニのいるマスは通れないから…。

カニのマスを通ってはいけない。

1

(1) **別解**

＜１＞　　＜２＞

(2) **別解**

別解＜１＞＜２＞のように答えてもよい。

別解のように答えてもよい。

---

2 スイカまで進む近道を考えます。□の中の矢印のうち，進む方向にあてはまるものをなぞりましょう。そのあと，矢印の通りに進むとスイカに着くかどうか，指でなぞってたしかめましょう。ただし，パラソルのあるマスは通れません。

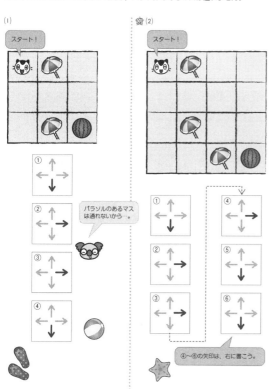

パラソルのあるマスは通れないから…。

④〜⑥の矢印は，右に書こう。

2

(2) **別解**

パラソルのマスを通ってはいけない。

練習のワーク

1 かき氷のマスを通ってからスイカまで進む近道を考えます。□の中の矢印のうち，進む方向にあてはまるものをなぞりましょう。そのあと，矢印の通りに進むとスイカに着くかどうか，指でなぞってたしかめましょう。ただし，カニのいるマスは通れません。

例(1)

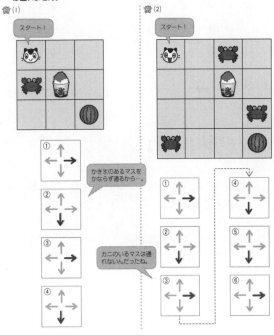

スタート！

① ←↑→
② ←↑↓
③ ←↑→
④ ←↑↓

かき氷のあるマスをかならず通るから…。

カニのいるマスは通れないんだったね。

例(2)

スタート！

① ↑→↓
② ↑←↓
③ ↑←→

④ ↑←↓
⑤ ↑←↓
⑥ ↑←→

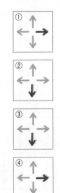

1
(1) 別解

① ←↑→
② ←↑↓
③ ←↑→
④ ←↑↓

(2) 別解

① ←↑↓
② ←↑↓
③ ←↑↓

④ ↑←↓
⑤ ↑←→
⑥ ↑←↓

かならずかき氷のマスを通ってからスイカまで進む。
カニのマスを通ってはいけない。

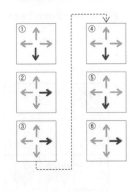

---

2 かき氷のマスを通ってからスイカまで進む近道を考えます。□の中の矢印のうち，進む方向にあてはまるものをなぞりましょう。そのあと，矢印の通りに進むとスイカに着くかどうか，指でなぞってたしかめましょう。ただし，パラソルのあるマスは通れません。

例(1)

スタート！

① ←↑→
② ←↑↓
③ ←↑→
④ ←↑↓

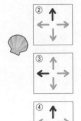

例(2)

スタート！

① ↑←→
② ↑←→
③ ↑←↓

④ ↑←→
⑤ ↑←→
⑥ ↑←↓

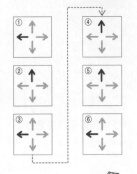

2
(1) 別解

<1>
① ←↑↓
② ←↑→
③ ←↑→
④ ←↑↓

<2>
① ←↑↓
② ←↑→
③ ←↑→
④ ↑←↓

<3>
① ←↑↓
② ←↑→
③ ←↑→
④ ←↑↓

かならずかき氷のマスを通ってからスイカまで進む。
パラソルのマスを通ってはいけない。

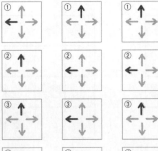

❷
(2) 別解

<1>　　　　　　　<2>　　　　　　　<3>

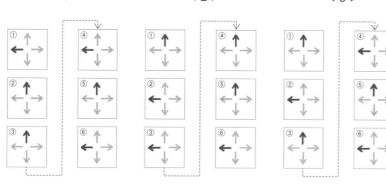

別解<1>～<3>のように答えてもよい。

1 スイカまで進む近道を考えます。進む方向の矢印がまちがっているときは、×をつけて、正しい矢印をなぞりましょう。ただし、カニのいるマスやパラソルのあるマスは通れません。

(1)

下に進むと、カニのマスにぶつかってしまう。

(2)

右に進むと、カニかパラソルのマスにぶつかってしまう。

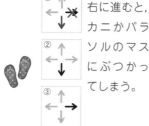

まとめのテスト

できた数

／4問中

1 かき氷のマスを通ってからスイカまで進む近道が4つあります。全部見つけ、それぞれについて□の中の矢印のうち、進む方向にあてはまるものをなぞりましょう。ただし、カニのいるマスやパラソルのあるマスは通れません。

近道1〜4
は順不同

近道1　　近道2　　近道3　　近道4

19

きほんのワーク❶

❶ ひみつロボに入れたものと出てきたものを見て，次の問いに答えましょう。

(1) ひみつロボが使っているルールを見つけて，□にあてはまる数字を書きましょう。

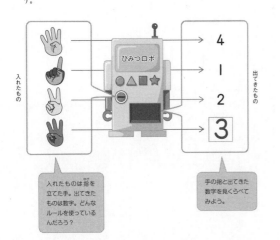

> 入れたものは指を立てた手。出てきたものは数字。どんなルールを使っているんだろう？

> 手の指と出てきた数字を見くらべてみよう。

(2) (1)でひみつロボが使ったルールをかんたんに書きましょう。

ルール（　〈例〉立てた指の数　）

「指の数」などという言葉が入っていれば正しい。

> このひみつロボは，何の数を数えているのかな…？

❷ ひみつロボに入れたものと出てきたものを見てルールを見つけ，□にあてはまる文字を書きましょう。また，ひみつロボが使ったルールを（　）に書きましょう。

(1)
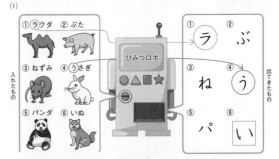

「最初の文字」という言葉が入っていれば正しい。

ルール（　〈例〉名前の最初の文字　）

(2)
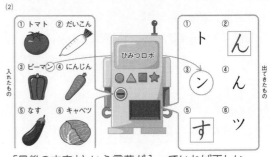

「最後の文字」という言葉が入っていれば正しい。

ルール（　〈例〉名前の最後の文字　）

きほんのワーク❷

❶ ひみつロボに入れたものと出てきたものを見てルールを見つけ，□にあてはまる記号や数字を書きましょう。また，ひみつロボが使ったルールを（　）に書きましょう。

(1)
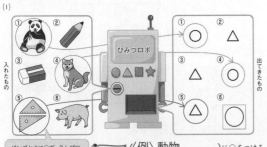

> パンダと犬は○で，えんぴつ，消しゴム，三角じょうぎは△。

ルール（〈例〉動物　）に○をつける。
　　　（〈例〉文ぼう具　）に△をつける。

(2)
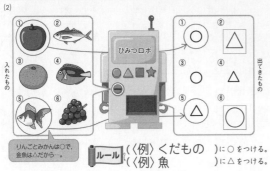

> りんごとみかんは○で，金魚は△だから…。

ルール（〈例〉くだもの　）に○をつける。
　　　（〈例〉魚　）に△をつける。

(3)
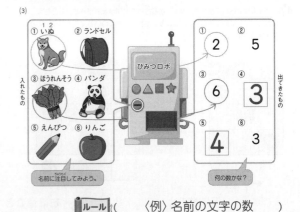

> 名前に注目してみよう。

> 何の数かな？

ルール（　〈例〉名前の文字の数　）

(4)
青緑　黒板
理科　時計
水泳　左足

> それぞれの漢字は何と読むんだろう？

ルール（　〈例〉読みがなの文字の数　）

練習のワーク

1 ひみつロボに入れたものと出てきたものを見てルールを見つけ，□にあてはまる数字を書きましょう。また，ひみつロボが使ったルールを（　）に書きましょう。

(1)
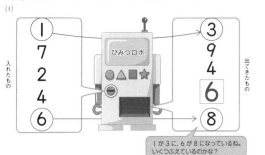

1が3に，6が8になっているね。いくつふえているのかな？

ルール（　　〈例〉2をたす　　）

(2)
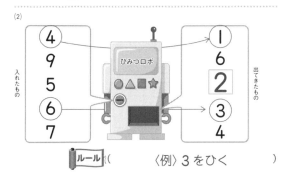

ルール（　　〈例〉3をひく　　）

2 2台のひみつロボに入れたものと出てきたものを見てルールを見つけ，□にあてはまる数字を書きましょう。また，それぞれのひみつロボが使ったルールを（　）に書きましょう。

(1)
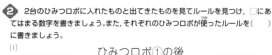

ひみつロボ①の後
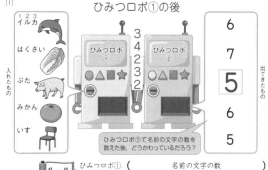

ひみつロボ①で名前の文字の数を数えた後，どうかわっているだろう？

ルール　ひみつロボ①（　名前の文字の数　）
　　　　ひみつロボ②（　〈例〉3をたす　）

(2)
ひみつロボ①の後
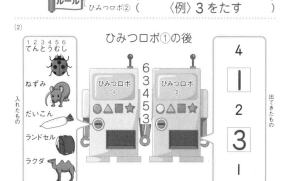

ルール　ひみつロボ①（　〈例〉名前の文字の数　）
　　　　ひみつロボ②（　〈例〉2をひく　）

実力判定テスト

本冊106〜107ページ

プログラミング的思考の 実力判定テスト
答え 21ページ

名前
得点　　/100点

1 最終章　2台のひみつロボに入れたものと出てきたものを見てルールを見つけ，□にあてはまる文字を書きましょう。また，それぞれのひみつロボが使ったルールを（　）に書きましょう。
1つ4〔20点〕

(1)

ひみつロボ①の後

ルール　ひみつロボ①（　最初と最後の文字をえらぶ。　）
　　　　ひみつロボ②（　〈例〉文字を入れかえる。　）

(2)
ひみつロボ①の後
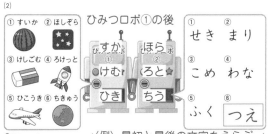

ルール　ひみつロボ①（〈例〉最初と最後の文字をえらぶ。）
　　　　ひみつロボ②（〈例〉五十音順で次の文字を書く。）

2 児童館の章　■の条件にあてはまる漢字をすべてえらんで，○をつけましょう。
1つ10〔20点〕

部首が「扌」のものとつくりが「也」のもの。

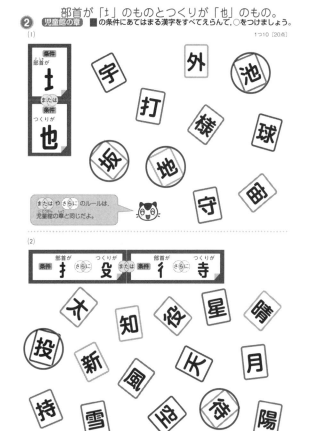

またはやさらにのルールは，児童館の章と同じだよ。

左の条件にあてはまるのは，「投」
右の条件にあてはまるのは，「待」

❸ すなはまの章　太陽を通ってからロケットまで進む近道を考えます。□の中の矢印のうち，進む方向にあてはまるものをなぞりましょう。ただし，すべての□を使うとはかぎりません。また，星のマスは通れません。

1つ10〔20点〕

(1)

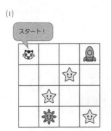

スタート！

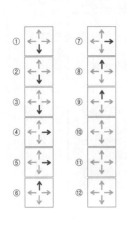

(例)(2)

スタート！

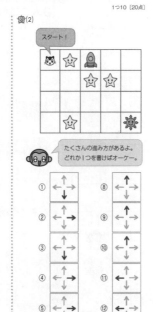

たくさんの進み方があるよ。どれか1つを書けばオーケー。

太陽を通ってロケットまでの近道は，9回の動きで行けたとき。

太陽を通ってロケットまでの近道は，12回の動きで行けたとき。

❸

(2) 別解

　＜1＞　　　＜2＞　　　＜3＞

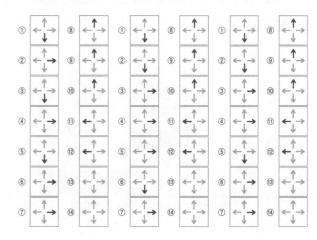

同じマスは1回しか通りません。

❹ 小学校の章・すなはまの章　次の（　）は，図がかかれているマスの位置を表していて，左の数字は左から何列目かを，右の数字は上から何行目かを表しています。太陽を通ってロケットまで進む近道を考えるとき，□の中の矢印のうち，進む方向にあてはまるものをなぞりましょう。ただし，星のマスは通れません。

〔10点〕

スタート！

🚀 （5,5）
☀ （3,2）
☆ （1,2）
☆ （3,1）
☆ （3,4）
☆ （4,2）
☆ （5,4）

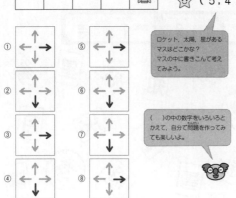

ロケット，太陽，星があるマスはどこかな？マスの中に書きこんで考えてみよう。

（　）の中の数字をいろいろとかえて，自分で問題を作ってみても楽しいよ。

（　）の中の左側の数字は左から何列目のマスかを，右側の数字は上から何行目のマスかを表している。

太陽を通ってロケットまで行く。星のマスは通れない。

5 小学校の章・空港の章　次のマスには列と行のそれぞれに番号がついていて，解読表になっています。暗号は，文字が書かれたマスの位置で表されていて，（　）と列番号，行番号を使って書きます。ただし，列番号は（　）の中の左に，行番号は右に書きます。この解読表を使って，あとの問いに答えましょう。

1つ10〔30点〕

解読表

	11	12	13	14	15	16	17	18	19	20(列)
11	あ	い	う	え	お					
12	か	き	く	け	こ	が	ぎ	ぐ	げ	ご
13	さ	し	す	せ	そ	ざ	じ	ず	ぜ	ぞ
14	た	ち	つ	て	と	だ	ぢ	づ	で	ど
15	な	に	ぬ	ね	の			っ		
16	は	ひ	ふ	へ	ほ	ば	び	ぶ	べ	ぼ
17	ま	み	む	め	も	ぱ	ぴ	ぷ	ぺ	ぽ
18	や		ゆ		よ	や		ゆ		よ
19	ら	り	る	れ	ろ					
20(行)	わ		を				ん			

例 「ほし」を暗号にすると，「(15, 16) (12, 13)」

(15, 16) (12, 13) です。いろいろな言葉を暗号にしてみてね。

（　）の中の左側の数字は左から何列目のマスかを，右側の数字は上から何行目のマスかを表している。

(1) 左の解読表を使って，暗号を解読しましょう。

①

暗号
(13, 11) (12, 14) (18, 18) (13, 11) (17, 13) (15, 20)

暗号が表す字
う　ち　ゅ　う　じ　ん

② 解読表のあてはまるマスにある字を書く。

暗号
(20, 14)(14, 13)(12, 11)(11, 16)(18, 15)(14, 12)(15, 20)

暗号が表す字
ど　せ　い　は　っ　け　ん

(2) 左の解読表を使って，次の字を表す暗号を作りましょう。

暗号にする字
ち　き　ゅ　う

暗号
(12,14)(12,12)(18,18)(13,11)

解読表の字のあるマスの列番号，行番号を（　）の中に書く。